話し方で「成功する人」と「失敗する人」の習慣

人づき合いが下手で落ちこぼれていた私がコミュニケーションの達人になれた理由

松橋良紀
matsuhashi yoshinori

まえがき

「何を話したらいいかわからない」
「人といると気詰まりする」
「人見知りで初対面が苦痛だ」
「あの人の考えていることがわからない」
「自分をわかってもらえない」
「自分の言い分を受け入れてもらえない」
「言いたいことが言えない」

長い間、心理学をベースにしたコミュニケーション講師をしていますが、このような悩みを抱えている人がたくさんいることを実感しています。

今は教える立場ですが、これらの悩みは、実は、私自身が苦しんできたことでした。

20代の頃、青森からギタリストを目指して上京した私は、人間関係をつくるのが苦手、コミュニケーション力もまったくない状態でした。

そんな私が、ひょんなことから営業の世界に入ってしまったのが運の尽き。3年以上も売れずに苦しみました。

しかし、心理学を学ぶと、いきなり全国トップになったのです。

初対面でも気兼ねなく会話ができるようになったおかげで、コンスタントに結果が出せるようになりました。

部下を持つようになり、支店長となり、そのあと、全国の社員を研修するトレーナーとなり、人生が大きく変わりました。

もちろん、異性との関係も激変して、モテ期が到来しました。

もしあなたが今、上司や部下、パートナーとのコミュニケーションがうまくいっていないと感じているのなら、本書はとても役に立つはずです。

何しろこの本は、私自身が、自分を変えたくて30年近く学んできたことの結晶ですから。

ちまたで売られている本には、概念的なことしか書いていないものが多いです。

「相手に対して、思いやりを持って接するように」

こんな当たり前のことを読んだところで、人生は変わりません。

概念を読んだだけで変われる人は、ごくわずかです。多くの人は、具体的なスキルを学ばなければ変われないのです。

これは、セミナーや研修を通し、1万人以上の方と接してきた経験から確信しています。

ですから、心理学をベースにしたすぐに変われる具体的な技法を、できるだけわかりやすく伝えるのが、私の使命だと思っています。

本書は、できるだけわかりやすく読みやすく書きました。

でも、読みやすいからといって、サラリと一度読むだけでなく、何度も繰り返し読んでください。

そうすることで、あなたの人生をもっといいものに変えていく力になると確信しています。

人生はコミュニケーションしだいです。

そのコミュニケーションは2種類あります。

ひとつは、他人とのコミュニケーション。

たくさんの素晴らしい能力を持っているのに、他人とのコミュニケーション技術が足りないために損をしている人はたくさんいます。

もうひとつは、自分自身とのコミュニケーションです。

自分自身との間違った会話のために、自分の可能性を狭くしている人も多くいます。

それらを打開していくヒントを、本の中に散りばめました。


本書が、あなたの人生に大きなインパクトを与えることを願っています。

松橋　良紀

○もくじ　話し方で「成功する人」と「失敗する人」の習慣

第3章 ▼▼▼ 信頼されるようになる「距離の縮め方」編

第4章  できる人に思われる、わかりやすい「伝え方」編

第5章

仕事がうまくいく「話し方」編

第6章 ▼▼▼ コミュニケーションがうまくいく「メンタル」編

あとがき

○カバーデザイン　ＯＡＫ　辻　佳江

第1章

どんな相手でも盛り上がる「話し方」編

01

成功する人は相手からおもしろい話を引き出し、失敗する人はおもしろい話をしようとする。

「初対面で何を話したらいいのかわからない」

「職場の人との雑談が苦手」

コミュニケーション講師をしていると、こんな悩みの相談をよく受けます。おかげで、私が過去に出版した「雑談」に関する書籍は、とても売れ行きが好調です。

しかし、雑談の本を書いたり、コミュニケーションを教えている私自身も、以前は初対面の人との会話ほど、苦痛なものはありませんでした。

知らない人との会話は、なぜ、あれほど苦痛なのでしょう?

それは、**多かれ少なかれ、相手の評価が気になる**からです。

相手を怒らせてしまったらどうしよう、あるいは、つまらない顔や不機嫌な顔をされたらどうしよう。そんな風に考えると、恐くなってしまうのです。

「自分は緊張する性格だから」

と言う人がいますが、これは、性格の問題ではありません。初対面で緊張する人のほとんどが、

・自分が話さないといけない
・おもしろいことを言わないといけない
・役に立つ話をしなければならない
・会話で楽しませなければならない

といった、呪縛にとらわれています。

つまり、**相手から低い評価をされないようにするには、気の効いたことを言わなければいけない。何か、おもしろいことを言わなければいけない。そんな勘違いが、余計に「イタいパターン」をつくってしまう**のです。

相手にとってはまったく興味がない話題を、長々とし続ける人がいます。

おもしろい話、役に立つ話をして、自分が会話をリードしているつもりなのでしょうが、相手はお愛想で聞いているだけ。そもそも、何をおもしろいと思うかは人それぞれです。

なぜイタいパターンになるのかというと、**相手の喜ぶポイントを知ろうとせず、自分の持ちネタを繰り出す**からです。

受けそうなネタを必死に準備して、そのお披露目をすることに一生懸命になりすぎるため、相手の反応が見えなくなってしまうのです。

相手が何をおもしろがるのかを知らないのに、自分のおもしろ話を得意気に話すのは、リスクが大きすぎます。

話し方で成功する人は、おもしろい話をしようとしません。おもしろい話を相手にしてもらうのがうまいです。

お笑い怪獣として知られる明石家さんまさんは、役者や歌手などの笑いに関しては素人の人たちが言った何気ない一言を、笑いに変える天才です。

どのようにして笑いに変えているかというと、ひとつは**オウム返し**です。

01 話し方で成功する人は、リアクションがうまい！

相手の言葉をただ繰り返すだけ。これだけで、笑いに変えています。

もうひとつは、**大きなリアクション**です。

大笑いしながら、机をバンバンたたいたり、床に転がったりすることで、ちょっとしたことを、とてもおもしろい話に生まれ変わらせます。


さんまさんのようにお笑いの達人でなくても、相手の話をおもしろくできるかどうかは、あなたのリアクションしだいです。

おもしろい話ができた相手は、とても気分が良くなります。そして、あなたにとても好印象を持ちます。

成功する人は、相手におもしろい話をさせるのがうまいのです。

02 成功する人は「ダメな自分」を話し、失敗する人は「できる自分」を話す。

話し方で人を惹きつける人は、とてもさわやかです。

そのさわやかさは、どこからくるのかというと、自己肯定感です。**自分の欠点を認めて、自分を受け入れているから、すがすがしさを感じます。**初対面の相手も惹きつけてしまいます。

自己肯定感が高い人は、自分の弱みを隠そうとしません。だから、自分のドジ話など、自己開示することに躊躇(ちゅうちょ)がないのです。失敗したこと、自分のヘタレっぷり、恥ずかしいことなども話します。

・自分のどんな部分を見せても、自分は大丈夫
・自分は愛されている
・でも、自分を嫌う人もいて当然

こういったメンタリティがあるから、相手の反応に一喜一憂しません。
ですから、こういう人が相手だと、気を遣わずに会話ができます。

逆に、自分に自信がない人は、自己肯定感が低いです。
自分の欠点や弱さを隠そうとします。気にしている部分を触れられるのが何よりも嫌です。さらに、そういったことを気にしていることさえ、悟られたくありません。
「ダメな自分は知られてはいけない」と無理をしているのは、プライドが高い人だとも言えます。

このような人を相手にすると、腫れ物を扱うような慎重さが必要になります。だから、相手をする人は、気疲れしてしまいます。

ある意味こういったタイプは、「かっこつけすぎ」で、本人自身も気疲れしています。
ただし、この「プライドの高さ」と「かっこつけ」の部分がガソリンとなり、大きな成功を手にしていく人もいるので、長所に転換できると大きな武器になることもあります。

いずれにしろ、**人間関係を築くには、自分のことを開示していくのが近道**です。

自分のダメっぷり、弱みなどは、どんどん口にしてしまいましょう。

かっこつけて、自分のいい部分しか見せないと、相手が緊張します。知り合った直後が１００点でも、そのあとどんどん減点されてしまえば印象は悪くなります。

それに比べて、**最初からダメっぷりを明かすと、相手が安心してくれます。**はじまりが10点で、つき合うごとに加点していく方がいいと思います。親しみやすさで安心してもらって、あとからしっかりしたところや、尊敬できるところを見せていくのです。


例えばこんな風に、ダメっぷりを暴露すると、親しみやすさ満点でしょう。

「先日、客先へ直行したときの話なんですけど、急いで家を出ましてね、お客さんの会社に到着してあいさつしたらとんでもないことに気づいたんですよ」

「ええ？　何に気づいたんですか？」

「はい、足元を見たら、右の靴が黒で、左の靴が茶色だったんですよ！」

「うわー、それはやっちゃいましたね」

「そうですよ。本当、考えられないドジをやっちゃいまして！　でも、笑いが取れて、契約をいただきましたけど」

このように、**笑える失敗談を話すことで、相手との距離が一気に縮まります。**

自分の笑える失敗談は、一度、紙に書き出してリストにしておくといいですよ。


ところで、あなたは、何て言われたら一番傷つきますか？

今の私なら、何を言われても平気ですが……。思い起こして見ると、「せこい」「しょぼい」と言われないために、無理をしていた時期があります。

お金で苦労した時期がとても長いので……というより、人生のほとんどをお金で苦労してきたので、お金に対して強い執着を持っていることを知られたくなかったのかもしれません。

でも、「私、せこいってよく言われるんですよ」と笑いながら言ってるうちに、どうでもよくなりました。

他人に言われたくないことを自分で言えるようになったときが、本当の強さを身につけたときです。

02 話し方で成功する人は、自分の弱みを見せる！

03 成功する人は八方美人、失敗する人はぶっきらぼう。

相手と会話をする上で、最も影響力が大きいのは、どんな言葉を発するかではありません。**ボディーランゲージ**です。

その中でも、最も影響が大きいのが**顔の表情**です。

表情筋は、30種類以上もの筋肉で成り立っています。これらの複雑な動きによって、感情が表れるのです。

ただし、多くの人は表情筋の30%しか使っていない、とも言われています。

「ぶっきらぼうだ」

「いつも機嫌が悪そうだね」

そのように言われる人は、表情筋が使わないうちに固まっているかもしれません。すると、とても損な人生を送ることになります。

そんな私も、有名家電量販店で接客業をはじめた20歳の頃は、「松橋！　笑顔がない！もっと明るい顔をしろ！」と、毎日のように怒られていました。

いつも表情が暗くて、ムスッとした顔をしていたようです。思ったようにうまくいかない自分に対してのいらだちや、環境に対しての不満が、無意識に表情に出ていたのでしょう。

そのうち上司も、「まあ、あいつは東北出身者だからしょうがないのか」と、あきらめて言わなくなってしまいました。

笑顔がなくて無表情だと、無愛想とか不機嫌そうと見られることになります。「人間関係がうまくいかない」と悩んでいる方は、無表情の上、口角が下がっていることが多いです。

そんな人に「笑顔が大事です」と言うと、次のような反論をされることがあります。

「八方美人だと思われるのは嫌だ」

「人は中身だと思います」

「ヘラヘラしていられない」

「楽しくないのに笑えるはずがありません」

さらには、

「ニコニコしていたら、なめられるし、低く見られる」

「媚びたように思われる」

「恥ずかしい」

このように、「笑顔だと、デメリットがある」と言い張る人がいます。

これらの理由を言う人は、「自分がどのように扱われるか」ということばかりが気になっている状態です。意識の矢印が、自分にしか向いてないのです。

プライドが高くてナイーブな人と接するのは、気疲れします。自分のことばかり考えている人よりも、相手のことを思いやってくれる人とコミュニケーションを取りたいですよね。

あなたの心が、常に晴れ晴れとして、いつもさわやかだとしましょう。そうだとしても、それが表面に見えなかったら、相手には伝わりません。

03 話し方で成功する人は、いつも笑顔で対応する!

「初対面で最も印象がいい人はどんな人か」というアンケートの答えでダントツ1位は、「笑顔で接してくれる人」です。

笑顔は、「相手を受け入れています」ということを表す一番のサインです。

好感度の高いアイドルやタレントなどを思い浮かべてください。きっと、笑顔ばかり浮かんだことでしょう。

このように、笑顔は自分のためではなく、相手のためなのです。

あなたのうれしそうな笑顔を見たいと思う人は、たくさんいるはずです。まずは、家族に笑顔で接することからはじめてみませんか。それができたら、次は職場です。効果は絶大です。あなたの笑顔だけで、周りは気分が良くなり、幸せになるのです。

04

成功する人は一目置かれる話をし、失敗する人は軽く見られる話をする。

私は童顔のせいで、常に若く見られるという悩みがありました。なぜ悩みかというと、軽く見られてしまうからです。

でも、話し方を工夫すれば、外見に関係なく、軽く見られないようにすることができます。いくつかそのやり方をご紹介しましょう。

まず、軽く見られる会話の例です。

「今話題のドラマを見た？」

「うん、見た見た！　あの主人公の女の子、かわいいよね！　あの髪型が素敵だよね」

「好みの女の子はどういうタイプ？」

「そうだな、ポニーテールで白いシャツが似合うような娘かな」

このような話だと、表面的なモノの見方しかできない人と思われます。

一目置かれる人になるためには、雑談などでも、深い話をすることです。深い話にシフトするには、概念的な内容にしていくのがいいです。

「今話題のドラマを見た?」

「うん、見た見た! あの人間観って深いよね。人としての在り方に感動したよ」

「好みの女の子はどういうタイプ?」

「そうだな、深いやさしさと人間性を持ち合わせた女性がいいなあ」

ドラマや芸能ニュースだとしても、物事を高い視点から見るようにして、人間観や人生観の話題に引き上げていくことで、一目置かれるようになります。

話の内容しだいで、相手を値踏みして軽く扱ったり、雑に扱う人がいます。

ですから、相手によっては、具体的なレベルの視点ではなく、概念的なレベルに視点を上げて話す方がいいでしょう。

また、**若者言葉も気をつけましょう。**

買い物をしていたときに、「マジですか」「速攻でやらせていただきます」というような若者言葉を使っていた販売員がいました。

若者言葉は、品位を落とします。

「めっちゃいいですね！」
「てゆうか」
「みたいな」

もちろん、接客でこういった言葉を使うのはありえませんが、先輩と話すときや、ビジネス上でも同じです。

若者言葉を使った瞬間に、周りから軽く見られることになります。

スキューバーダイビングのインストラクターをしている友人が言っていたことを思い出します。

「お客さんとは仲良くなるな。仲良くなると、言うことを聞かなくなるからだ。先輩からこのような教えを受けたのが、今でも印象に残ってる」

スキューバーダイビングの現場で相手に軽く見られることは、命に関わることに直結します。ですから、「仲良くなりすぎないように気をつけろ」と言われたのです。

親しい人間関係を築きながらも、軽く見られないようにするには、ほどほどの距離感が必要な場合もあるのです。

04
話し方で成功する人は、普通の話題をワンランクアップさせて話す!

05

成功する人は見えない部分をほめ、失敗する人は見える部分をほめる。

明るい人に対して、「とっても明るい性格ですね」というほめ方は、あまりにもありきたりです。おとなしそうな人に対して、「おとなしいですね」と言うのも、当たり前すぎです。

でも、心をつかむのがうまい人は、違います。**印象に残るほめ方をする**のです。「そうそう、この人はよくわかってくれてる」、そのように思われるほめ方をしてくれます。話し方で成功する人は、人の心をつかむのがうまいのです。

他の人と同じように、当たり前のことを言っていては、人の心をつかむことはできません。

では、どうするかというと、見えない内面の部分をほめます。

どんな人にもクールな部分もあれば、熱い部分もあります。

クールそうに見える人でも、3歳の孫娘を相手にしたときには、「おじいちゃんでちゅよ〜」と、赤ちゃん言葉で話しかけているかもしれません。明るい人でも、じっくり内省することもあります。おとなしい人でも、一緒にすごす相手によっては、とても明るく振る舞うこともあるはずです。

大事なのは、**今見えている一面だけで、相手の印象を決めつけない**ということです。

例えば、おとなしい人に対しては、見えている部分の逆の話をします。

「とてもおとなしい性格に見えますが、先ほどのお話で、とても情熱を感じました。内面には、すごい熱いものをお持ちではないのかなと思いますが？」

すると、

「え？ そう見えますか？ そんなことはないですよ」

とか言いながら、まんざらでもない表情をする人がほとんどです。

明るい人に対しては、次のような言い方ができます。

「すごく明るくて、人を楽しませる天才ですね！ そういうことができる人って、逆に人間関係でとても傷つくような体験をして、そこを乗り越えた人が多いって聞きますけど、どうですか？」

「まあ、いろいろありましたからねえ」

「例えば、どんなことですか？」

するとと、笑いながら、苦労話をしてくれる人も多いです。

このように、**見えている部分だけを話題にするのではなく、逆の部分を話題にしましょう。**すると相手は「この人は、表面的なものだけでなく、深い部分がわかる人みたいだぞ！ちょっと違うな」と、心を開くようになります。

人は誰でも、二面性があり、見えている逆の部分を持っています。

おとなしそうに見えても、激しい部分があります。明るくて元気で豪快に見えても、とても繊細な部分があります。

そんな**隠れた部分を掘り起こしていくと、短時間で深い関係を築けるようになります。**

また、「マインドリーディング」と言って、「あなたの心の中は読めますよ」という暗示を与えて、信頼関係をつくる手法があります。

次のような感じです。

「松橋さんって、いつも周りを気遣って自己主張しないし、おとなしいように見えるけど、意外と内面には熱い部分を持ってるよね？」

「えっ？　確かにそういう部分もありますけど、なんで、そう思うんですか？」

「いや、なんとなくだけどね」

このように、理由は言わないで濁すのがコツです。他の人からは言われることがないような意外性もあり、割といい反応が返ってくることが多いものです。

話し方で成功する人は、見た目だけで判断せず、相反する面もイメージすることができるのです。

05 話し方で成功する人は、見た目と正反対の部分をほめる！

06

成功する人は相手の価値観をほめ、失敗する人は見た目をほめる。

素晴らしい人間関係を築いている人に共通するのは、とにかく「ほめ上手である」ということです。

ほめようと思ってほめているというよりは、**自然に相手のいいところを見つけて、それを口にしている**という感じです。

カリスマ経営者の松下幸之助が、こんな言葉を残しています。

「人の悪いところしか見えないのは三流。
人のいいところも見えるが、悪いところも見えるのが二流。
人のいいところしか見えないのが一流」

相手のいい部分を引き出せるのが一流ということです。

さて、相手の心をつかむほめ方には、コツがあります。

意識のレベルには5つの段階があり、これを心理学では「ニューロ・ロジカル・レベル」と呼びます。心をつかむなら、その上位レベルをほめることです。

①1段階：環境レベル
②2段階：行動レベル
③3段階：能力レベル
④4段階：価値観レベル
⑤5段階：自己概念（自己イメージ）レベル

① 環境レベル
容姿に関してほめるというのは、この環境レベルです。住んでいる場所や、勤めている会社をほめるのも、環境レベルをほめていることになります。

「おしゃれだね」

「いい会社に勤めていてうらやましい」

②行動レベル

相手の行動そのものをほめるレベルです。

「頼んだことをやってくれてありがとう」

「その仕事をやってくれる人がいなかったから、助かったよ」

③能力レベル

相手の能力の高さをほめるレベルです。

「これだけ手際良くやれる人は少ないよ」

「仕上がりがいつも素晴らしいです」

④価値観レベル

このあたりから、相手の心に刺さるほめ方になります。どんな価値観を持っているのかを見抜き、それをほめます。

「ひとつひとつの仕事を丁寧に取り組む姿勢には、いつも惚れぼれするよ」

「仕事にかける情熱は、誰にも負けないものがあるね」

⑤ 自己概念レベル
最大のほめ方が、相手の自己概念、つまりセルフイメージを認めることです。

「君のその慎重さが、この危機を救ってくれたんだよ、ありがとう！」

「君の思いやりの深さに、いつも助けられているよ」


環境や、行動、能力レベルをほめるのは、表面的なほめ方にすぎません。しかし、**価値観や自己概念をほめるのは、相手そのものをほめていることになります。**

深いレベルに目を向けて、相手の良さを引き出せば、相手はますます輝いていくでしょう。

06 話し方で成功する人は、心に響くほめ方をする！

07

成功する人は話をどんどん振り、失敗する人は話し続ける。

2人だけで話しているときとは違って、複数で話をしていると、誰か一人だけがずっと話し続けてしまうことがあります。

そんな風に、一人だけの独壇場になっているとしたら、ファシリテーション役をしてあげましょう。

ファシリテーションとは、会議などの場で話をまとめていくために支援することを言います。ファシリテーションの接頭語「ファシル」は、ラテン語で「容易にする」「促進する」という意味があります。

ファシリテーターを一言で言うと、「促進する人」です。

話し方で成功する人は、周りをよく観察しています。

会議だけでなく、雑談をしていても、誰かがつまらなさそうにしていたり、飽きているように見えたなら、ファシリテーション役を買ってでます。

その手順を紹介します。

①まずは、話している人にあいづちを打って、自分に向けて話すように促します。しっかりと聞くことが大事です。

「へー、そんなに！　Ａさんって、すごいねえー」

②自分が聞き役の中心になったら、話の内容に関連した質問を２、３回します。

「それでそれで？　具体的にはどうなりました？」

③話の流れを変えるために、他の人に質問をします。

「Ａさん、そうなんだ！　それに関して、Ｂさんならどう思う？」

このように、**その場に参加している人で、まったく口を開かない人がいるようなら、少しでも話す機会を与えてあげるように、話を振ってあげるのです。**

私は、自分のセミナーの終了後、懇親会を行うことがあります。

セミナーには、コミュニケーションが苦手という方が多く参加しますので、懇親会では一部の人だけがずっとしゃべり、ある人はほとんどしゃべらないということも起こりがちです。

そういう人に、「さっきから全然しゃべってないですね。何か話してくださいよ」と声をかけても、「いえいえ、聞くだけで充分楽しいですから」という返事がきます。

でも、その言葉を鵜呑みにしてはいけません。どんな人でもしゃべりたい欲求が必ずあるからです。

何かしら、ペラペラしゃべってもらい、満足度を上げて帰って欲しいと思うので、私はもれなく質問をしたりして、必ず会話に参加してもらうようにしています。

ところで、一人だけの独壇場になっている場合、話の流れを強引に変える方法もあります。

「Aさん、なるほど、それはすごいですね！　ところでBさん、先日のあの件って、そのあとどうなりました？」

このように**話の腰を折ってしまう転換法ですが、聞き手の顔色を見ることもなく延々と一人でしゃべり続ける人が相手の場合、ときには必要です。**

聞き手のことを気にせず、しゃべり続ける人なら、意外と気にしないものです。

もちろん、これを読んでいるあなた自身が、「自分だけがずっとしゃべっているな」と気づいたら、すぐに他の人に話を振ってくださいね。

常に聞き手の状態を観察することが、コミュニケーションの達人への一歩です。

07 話し方で成功する人は、みんなが話せるような状況をつくる！

第2章

好感度が上がる「聞き方」編

08 成功する人は相手の話を聞き、失敗する人は自分の話をする。

コミュニケーションとは、言葉のキャッチボールです。話すことと、聞くことの両方が必要です。

野球にたとえると、球を投げる技術と、球を受ける技術の両方が必要ということです。試合前のピッチング練習では、ピッチャーが調子良く投げられるように、キャッチャーが『わざと』やっていることがあります。それは、捕球したときに、「パーン！」と、よく響く音を出すことです。「ボフッ」という、曇った音で捕球すると、ピッチャーの気分が乗らないのだそうです。

コミュニケーションがうまい人を見ると、素晴らしい言葉を繰り出して、人を動かす力があふれているように見えます。一見すると、「話すのがうまい」としか思えないかもしれません。

でも、コミュニケーションがうまい人は、実は聞き方もとてもうまいのです。

聞き方がうまいから、相手の望んでいることを熟知することができます。そして、相手が望んでいることに話をつなげていけます。すると結果的に、会話が盛り上がり、相手にいい印象を与えることができるのです。

それに比べて、話し方で失敗する人は、次のような特徴があります。

・言いたいことは、先に言わなければ損だと思う
・立場が上の方が話して、話を聞くのは立場が低い方だ
・人の話を聞くのはめんどう
・話の展開が見えたら、先回りする
・相手の話をさえぎって、質問をはじめる
・最後まで黙って聞くことができない

このような人を相手に会話をしても、おもしろくありません。自分の心の内を明かそう

だなんて思えないので、表面的なつき合いになってしまいます。あなたも人の話を聞けない人に、相談など一切したくないでしょう。

しかし、自分の話を聞いてくれない人ほど、「自分の話をちゃんと聞け！」と圧力をかけたりします。そして、ますます嫌われていくのです。結果的に、こういう人には、重要な情報が集まらなくなります。

さて、話を聞けない人には、ある共通点があります。

それは「決めつけ」です。

①自分が正義、相手は非常識だと決めつける

話を聞けない人は、どちらが正しいのか、どちらが間違っているのかにこだわります。立場が変わればモノの見方が変わります。でも、「自分はいつも正しい。私が理解できない人は、非常識な人間だ」と、他人の考え方を非常識だと決めつけてしまうのです。すると、相手の話は自分を攻撃しているとしか思えなくなります。だから話を聞かないのです。

②相手の思いを決めつける

コミュニケーションに悩んでいる方の中には、「絶対にあの人はそう思っているに違いない」という決めつけをする人が多いです。「相手がそう言ったの？」と聞くと、「いえ、言ってません」と答えます。

「どうしてそう思うのか」と尋ねても、明確な答えはなく、思い込みによる解釈ばかりということが多いです。

相手の考えを決めつけてしまうと、話を聞けなくなってしまいます。真意は言葉で確認することです。それをしないから、対人関係が余計に複雑になるのです。

いずれにしても、人の話を聞ける人が、自分の話を聞いてもらえます。

理解する人が、理解されるのです。

09

成功する人は後出しジャンケンをし、失敗する人は先出しジャンケンをする。

ジャンケンで必ず勝つ方法をご存じでしょうか?

そうです。後出しをすれば絶対に勝ちます。

もちろん普通の勝負なら、「汚いヤツだ!」とののしられて、勝負も無効になりますし、メリットはありません。

しかし会話では、後出ししても何の文句も言われません。


この会話方法を、5年ほど前から、**「後出しジャンケン方式コミュニケーション」**と命名して、セミナーや書籍でお伝えしてきました。

この「後出しジャンケン方式コミュニケーション」で、「営業成績が劇的に上がった」、「携帯電話に登録していた友人が3人から300人になった」、「結婚できた」などなど人生が変わったという方がたくさんいらっしゃいます。

話し方で失敗する人は、次のように先出しをしています。

「どうもはじめまして。あ、関西出身なんですね。やっぱり阪神タイガースですよね。私が好きな選手は、ピッチャーの……」

「いいえ、タイガースは嫌いなんです。広島ファンなんです」

「え？ ああ、そうなんですか……」

「八ヶ岳に行ってきましてね」

「八ヶ岳ですか！ 登るのはきつかったでしょう。私も朝５時に出発して、１日がかりで登ったときは、本当に大変でした」

「いや、ロープウェイで行ったんですけどね……」

「いらっしゃいませ。パソコンをお探しですね。でしたら、こちらの商品がオススメです。容量を減らした分、コストパフォーマンスがとてもいいんです。他に最新の機能もついてまして、とても便利です」

「いや、高くてもいいから、容量が大きいのが欲しいし、最新の機能はいらないよ」

これらの会話例を見てわかるように、**相手の話をろくに聞かず、自分の思い込みで話を進めてしまうと、コミュニケーションがうまく取れなくなってしまいます。**

こちらの伝えたいことや、気持ちを理解しようと思わない人に対して、好感を持つ人はいません。

自分が言いたいことを先に出して、あとから相手の話を聞くのは、どう考えても不利です。損をしているにもかかわらず、多くの人は言いたいことを先出しして玉砕しているのです。

逆に、**相手にペラペラしゃべらせて、その内容に合わせて話していけば、間違いなく相手の気持ちに寄り添うことができます。**

「どうもはじめまして。あ、関西出身なんですね、野球のシーズンがはじまりますが、野球はお好きですか?」

「ええ、子供の頃から広島ファンなんです」

「へえー、ファンになったきっかけはどんなことだったんですか？」

「昨日まで八ヶ岳に行ってきましてね」

「八ヶ岳に？　……（相手の目を見て沈黙）」

「そうなんですよ。家族と一緒にロープウェイに乗ったんですが、子供が大喜びでね」

「いらっしゃいませ。パソコンをお探しですね。どんなものをお探しですか？　普段はどのような使い方が多いですか？　それでしたら、これが一番のオススメです」

このように、徹底的に後出しにこだわっていくと、相手とのコミュニケーションがとてもスムーズになりますよ。

09　話し方で成功する人は、焦らずゆっくり相手の話を聞く！

10 成功する人は自慢話を聞くのが好き、失敗する人は苦労話を聞くのが好き。

話のネタがなくなって、会話が途切れてしまった。そんなときによくされる会話が「自慢話」と「苦労話」です。

相手から聞かされては、心の中で、「その話は5回目です」とつぶやく。でも、「うわー！すごいですね！」「大変でしたね！」とリアクションをがんばる。

家に帰ったときには、疲れてぐったり。

そんな経験は皆さんにもあることでしょう。

あなたは、自慢話と苦労話、聞かされるならどちらがいいですか？

１５００人を対象にしたアンケートから、おもしろいデータが取れました。

「苦労話がマシ」と答える人は、年収３００万未満で7割近くでした。それに対して、年収１０００万円以上だと４割だけです。

年収が下がるほど、苦労話の方がいいと答えています。

ところが、「自慢話を聞くのがマシ」と答える人は、苦労話のときとまったく逆の結果になりました。

年収３００万未満だと、３割程度。

しかし、年収１０００万円以上だと６割です。

年収が上になればなるほど、他人の苦労話よりも、自慢話がいいと答えているのです。

また、職種別で言うと、会社員、公務員、自営業は、「苦労話の方がマシ」と答えている人が６割を超えているのに対して、経営者は、「自慢話の方がマシ」と答えた人が６割近くいました。

それは言い換えれば、失敗体験よりも、成功体験に興味があるということです。

年収が高ければ高いほど、他人の成功体験から学ぼうという姿勢が強いのです。

自慢話がはじまったときに、眉間にしわを寄せて不機嫌そうな顔になっているとしたら、もったいないです。


「先週、海外旅行に行ってきたんだよ」

「実は家を買ったんだよ」

「うちの子供が国立に受かってさ」

「ゴルフで80を切ってさ」


話している本人は、うれしくてしょうがない。

それにいちいちムッとするようだと、器が小さいと言われますし、情報収集のチャンスをみすみす逃すようなものです。


「どこに行ったの？　見どころは？　いくら？　旅行会社はどこ？」

「工務店はどこ？　そこを選んだ決め手は？」


こういった情報を得るチャンスです。

また、そのような**参考例が多ければ多いほど、自分の判断基準の糧になっていきます。**

決断できない人は、情報が少なすぎて、基準が決められないから判断できないわけです。

より多くの参考例をインプットすることは、人生を充実させるために必要です。

そのためにも、人の自慢話は積極的に聞くことです。


営業マンとして売れなかった私が、突然売れるようになったのは、お客様の自慢話や、苦労話を聞き出すのが楽しくなったことが大きいです。

特に自慢話は、お客様の機嫌が良くなって、契約してくれる確率は高まるし、自分の人生の参考になるし、一石二鳥でした。

何を話したらいいかわからないときほど、相手の自慢話を聞き出して、一石二鳥を手に入れましょう。

10 話し方で成功する人は、成功体験をたくさん聞いて今後の人生に活かす！

11
成功する人は会話の裏を読み、失敗する人は素直に受け取る。

心理学では、感情を5つに分類します。
プラスの感情は、ひとつです。
マイナスの感情は、4つです。

プラスの感情　：「喜び」
マイナスの感情：「悲しみ」「怒り」「不安」「苦しみ」

これらの感情をしっかりつかむと、延々と続く苦労話や自慢話が、一気に短くなります。
共感して欲しいポイントを、あなたに受け止めてもらったと感じれば、長話の必要もなくなるからです。

会話には、表面に上がっていない感情が隠されています。

「ねえ、これ見て！　いいでしょ！　ブランド品で高かったんだよ」

「この前も、家族で海外旅行に行ってきたんだけどさ」

表面的には、ブランド品の自慢をしたいだけ、海外旅行に行った自慢をしたいだけに見えます。

ですが、はたしてそれだけなのでしょうか？

妻が、

「PTAの誰々さんが、〇〇らしいよ」

「今日は朝からこんなことがあって、大変だったのよ！」

と、うわさ話や苦労話を延々とする。

妻が話したいのは、はたして「その話」だけだったのでしょうか？　毎日同じようなうわさ話や苦労話をするのは、「その話」をしたいだけなのでしょうか？

表面的には、子供がこうしたとか、お隣がこうだった、というような細かなエピソードを伝えたいだけに見えます。でもその中には、実は**「共感して欲しい思い」**が隠されてい

るのです。
それを読み取ることが大事です。

・こんなに苦労しているんだという自分をわかって欲しい
・悲しみを癒して欲しい
・怒りをわかって欲しい
・不安を聞いて欲しい
・苦しんでいることを知って欲しい

こんな感情をキャッチするのです。

話し方で失敗する人は、相手の話を額面通りに受け取ります。

だから、理論的に処理してしまい、余計な怒りを買ってしまいます。

成功する人は、相手の話を、**「どんなことを言いたいのか?」ではなく、「どんな感情をわかって欲しいんだろう?」という視点で聞きます。**

相手の感情を探るためには、「感情言葉」を聞き逃さないことです。

悲しみ、怒り、不安、苦しみなど、感情を表す言葉を、必ず拾って、オウム返しをするのが大事です。エネルギー量もそのまま返すのがポイントです。

「朝、子供を送ったすぐあとにスーパーへ行ったのに、欲しかったものが売り切れなの！結局３軒も回って、本当に大変だったわ！」

「そりゃ、大変だったねぇー！」

相手と同じエネルギー量で、しっかりと共感しましょう。

相手の感情を読み取る意識が、スムーズなコミュニケーションをつくり出します。相手の感情に意識を向けてください。

11 話し方で成功する人は、会話から相手の感情を読む！

12

成功する人は相手とわかり合おうとせず、失敗する人は相手の立場になって考える。

「相手の立場になって考えなさい」

このセリフは、子供の頃からどれだけの人に言われてきたでしょう。親、先生、はたまた道徳の時間などで、当たり前のように刷り込まれてきた考え方と言ってもいいでしょう。

私もこれは当たり前だと思っていました。心理学を学ぶまでは。

でも実はこれが、コミュニケーションで失敗する人の考え方なのです。

NLP心理学で最初に学ぶ言葉があります。

「地図は領土ではありません」

地図は人間がつくったものですよね。つまり、人間が解釈したものが、紙に描かれているだけです。

日本の地図と、中国や韓国の地図では、領土の捉え方が違います。日本海と言う名前の海も、それらの国の地図だと存在しません。

実際の領土を、飛行機や宇宙船に乗って見に行ったら、正しい国境がわかるかと言うと、そんなものは当然ありません。あくまで、それぞれの国の人間が、自分の都合のいいように解釈したものが地図だということです。

地図とは、解釈のことを言います。それに対して、領土というのは、実際にある土地そのもののことを言います。

「今日は暖かい」「あの人は冷たい」というのは、現実ではなく、解釈です。「今日の気温は18℃」「あの人はこういうことを発言した」というのが、現実です。


先日のクライアントの悩みは、「うちの上司は冷酷無比で非情そのものなんです。倒れるまで働かされるので、残業は当たり前だし、辞めていく人もたくさんいるんです」ということでした。

彼女の脳の中では、「冷酷な人」が現実になっているのです。悩んでいると、事実と解釈が入り混じってしまうものです。

ＮＬＰ心理学では、「人はそれぞれ違う地図を持っている」という言葉もあります。

その彼女にとって悩みの種である上司は、「冷酷無比な人」以外、何者でもない。そんな脳内地図ができあがっています。

しかし、その上司の地図は、「結果を求めて無理をさせるのは冷酷だ」ではなくて、「何がなんでも結果を出して会社を良くしよう。社内で出世しよう」かもしれません。立場が違えば、地図もまるっきり変わります。

管理職というポジションで会社を見つめたことがない人にとって、無理をさせて結果を追求するという姿勢は理解できなくて当然でしょう。

「相手の立場になって考えてみる」。一見正しいように見えますが、結局人間は、自分の経験や体験からしか考えられません。

「相手の立場になって考えたのに、あの上司のやることは理解できない」

「相手の立場になって考えてやってあげたのに、喜んでくれなかった」

これらはすべて、自分の価値観が土台になって、相手のことを考えているからこその失敗です。

どんなに相手の立場を考え抜いたとしても、結局は自分の価値観を反映したことになり

ます。

サプライズでプレゼントするのも、実は自己中心的な行動だと言えます。驚かすことでうれしいのは自分だけ。もらった方は、「もらったけど使えなくて残念」という話をよく聞きます。これも、相手の立場になって考えた結果の失敗例ですね。

何が欲しいのか、きちんと聞けばいいだけのことです。

大事なことは、相手の価値観を知ることです。

何をどうして欲しいのか、当て推量したり、妄想しないで、きちんと質問して聞き出すことです。

相手とわかり合う必要はありません。つまり、考えを一致させる必要はありません。大事なのは、自分の地図と、どう違うのかをしっかりと聞き出すこと。それが、成功する人たちがやっていることです。

12 話し方で成功する人は、相手が何を考えているか聞き出す！

13 成功する人は間接質問をし、失敗する人は直接質問をする。

営業をやりはじめた頃の失敗です。


「お客様はおいくつですか?」

「仕事は何をしていますか?」

「何年お勤めですか?」


このように聞きたいことをズバズバ聞くと、プライバシーを侵害される気分になります。

ですから、不機嫌になる人も多かったです。まるで尋問のように質問を連発しているので、値踏みされているように感じさせていたことでしょう。

こういった質問を、直接質問と言います。

直接質問は、単刀直入に回答を求めるので、コミュニケーションミスが発生しません。正確な事実や情報を集めやすいのです。しかし一方で、相手との関係性を壊してしまうことも多くなります。

特にプライベートについて、直接質問をすると、警戒心を持たれます。

「どこの大学を卒業したんですか?」

「今、彼氏はいるんですか?」

こういった質問は、これから人間関係を築こうとしている場合、不適切です。

そこで、相手に警戒心を与えずに質問する方法を使います。それが、「承諾法」と「間接質問」です。

「承諾法」は、相手の承諾を得てから聞きたいことを尋ねる方法です。

「ちょっと~について、お聞きしてもいいですか?」

こう言うと、遠慮して気を遣っているニュアンスが伝わります。

先ほどの例だと次のようになります。

「どこの大学を卒業したのか、聞いていいですか?」
「今、彼氏がいるかどうか、聞いていいですか?」

「間接質問」は、聞きたいことをあえて遠回しに質問する方法です。

例えば、次のように使います。

「お仕事は何をしていますか?」
↓「お仕事はどんな関係のことをされているんですか?」

このように、「関係」という言葉を使って、特定しにくい程度の枠組みを聞くところからはじめます。そこから、丁寧に深掘りをしていけばいいのです。

「彼氏はいますか?」
↓「休みの日は、どういったすごし方をしていますか?」

休みの使い方で、相手のプライベートの部分をイメージしやすくなります。

「年齢はおいくつですか？」

↓「カラオケではどんな曲を歌いますか？　学生の頃のアイドルは誰ですか？」

どんな歌が好きかで、だいたいの年齢を想像できるようになります。


「結婚しても仕事を続けたいですか？」

↓「職場の皆さんは、結婚後も仕事を続けている人が多いですか？」

相手の考えを探り出すために、主語を「皆さん」や「他の人」に変えて聞きます。


このように、間接質問を覚えて、スマートに聞き出せるようにしましょう。

13 話し方で成功する人は、相手に失礼にならないように気遣いながら質問する！

14 成功する人はただ聞くだけ、失敗する人は解決策を提示する。

女性からの相談で多いのが、「夫や彼が話を聞いてくれない」という悩みです。

男性は男性で、「妻や彼女の話を聞いてあげても怒り出す」という悩みを持つことがあります。


私が結婚して間もない頃のことです。晩ご飯を食べながら、妻が話しはじめました。

「ちょっと聞いてよ！　課長がね、今日ひどいのよ」

「え？　どうしたの？」

「私の仕事じゃないのに、押しつけてくるのよ。しかも、こんなことを言うのよ」

「そうか、そういうときは、オレが営業でよく使う、二者択一法で応酬すればいいよ」

「でもさ、そうやって返したら、課長はこうやって言い返してくるわよ」

「それなら、イエスバット方式で返してさ、そこから持論を話すんだよ」

「もういいわよ！　そういうことじゃないのよ！」

「じゃあ、どういうことだよ！」

「もういい！」

こんな言い争いを経験したことがあるカップルは、けっこう多いのではないでしょうか。

これは男性脳と女性脳の違いから起きるトラブルの典型的な例です。


女性は悩んだときに、しゃべることでストレスを解消します。そこに解決を求めているわけではありません。

これを男性は理解できません。男性は、解決策を欲しいときにしか悩みを打ち明けませんから。

でも**女性は、ただ自分がどういう感情なのかを聞いて欲しいのです**。共感して欲しいだけなのです。ですから、解決策を言いたくなってもこらえてください。まずは黙って話を聞くことが、平和への道です。


対して男性の場合、強いストレスや悩みを抱えた場合、女性のように軽々しく打ち明けません。パートナーの女性といても、精神的には一人になります。だから一緒に過ごしているパートナーから見れば、心ここにあらずという感じがします。

そんな態度に、「最近なんか冷たくなった」「話していても上の空で、私に興味がなくなったのかしら」と、不安を感じたりするでしょう。

同居していない女性なら、「最近、全然連絡をくれなくなった」という悩みを抱えることにもなるでしょう。

でも、パートナーの女性に関心がなくなったわけではありません。単に一人になりたいだけなのです。**男性は、悩んだら一人になりたがるものなのです。**

これを、恋愛心理学者で有名なジョン・グレイ博士は、「穴ぐらにこもる」と表現しています。ストレスを抱えたら、まるで傷を負った動物が、穴ぐらにこもって傷を癒やすようになるからです。

男性は、ストレスを避けるために、野球やサッカーの中継に没頭したりします。DVDに集中したり、ゲームに熱中します。その間は、何を話しかけてもムダです。

何かに集中することで、穴ぐらにこもって、自分を癒しているのです。

このときには、女性ができることはありません。ただひたすら、穴ぐらから出てくるのを待つしかないのです。

男性にとって、悩みを打ち明けるということは、「自分は能なし」だと宣言するに等しい行為です。自分より権威があり、解決する能力を持つ人にしか相談しません。

ある程度傷が癒やされてから、穴ぐらからのそのそと出てきて、ようやくパートナーや同僚に相談できるようになります。

男性と女性では、悩みの解消方法が違うということを学ぶと、無用なトラブルがなくなりますね。

14 話し方で成功する人は、男女の脳の違いを理解している！

第3章

信頼されるようになる「距離の縮め方」編

15 成功する人は相手の目を見て、失敗する人は目をそらす。

ある女性から、最近こんな相談を受けました。


「人間関係が苦手なんです」

「親や兄弟とはどうですか？」

「それは大丈夫です。上司とうまくいかないんです」

「うまくいかないって、どういうことでしょう？」

「嫌われているんです」

「ええ、嫌われていると思うのは、どうしてですか？」

「あいさつしても返してくれないからです」

「あー、それはひどいですね。『おはようございます！』とこちらが声をかけても無視なんですね？」

「いえ、『おはよう』とは返してくれます。でも、私の顔を見てあいさつをすることはないんです。絶対に嫌われてます！　だって普通、あいさつするときは、顔を見ますよね！」

この話を聞いたとき、サラリーマン時代のある上司のことを思い出しました。

その上司は、私が報告や相談をしにいくと、いつも作業の手を止めないで、「報告？　うん、じゃあ話して」と言うのです。

その度に、「ちゃんと聞いてくれよ！」と言いたくなりました。

ところが、自分が上司になると、こんな嫌な気持ちになったことをすっかり忘れてしまったのです。

私が管理職になってからのことです。

仕事を終えて退社するときには、「お先に失礼します。お疲れ様でした！」ときちんとあいさつをして帰る女性がいました。

しかし、いつもあいさつをしていたその女性が、いつの間にかあいさつをしないで帰るようになってしまったことがあります。

彼女と親しい同僚に、それとなく聞いてもらったところ、「だって、松橋さん、あいさつしてもいつもパソコンを見ていて、私の方を見てあいさつしないから」とのこと。声を出していても、アイコンタクトをしないと、相手からあいさつをしてもらったという気持ちが得られないのです。

話しかけられても、パソコンから目を離さない人は要注意です。何か作業をしていたとしても、あいさつをするときには、必ず手を止めてするようにしましょう。

ボディーランゲージの重要性を軽視している人は多いです。なぜなら、言葉だけでコミュニケーションが成り立つと思っているからです。

話を聞くときに相手の目を見ないのは、無意識だと思います。でもそれだと、話を聞いてもらっていないと感じる人はとても多いのです。

営業の仕事をしていたときに、支店長になり、面接を担当したことがあります。

面接をすると、目を合わせない応募者がたまにいました。基本的にそういう人は、不採用にしていました。

やはり、こちらの話をきちんと聞いてもらっている感じがしなかったからです。

ところで、目を合わせるかどうかは、男女差があります。

男性は、自分が話すときに相手の目を見て話します。相手の話を聞くときは、目を見ないで聞く人が多いです。

女性は、逆です。自分が話すときは、相手の目を見ないで話します。相手の話を聞くときは、目を見て聞きます。

ですから、**男性が女性の話を聞くときには、目をしっかり見つめて聞くことが必要**です。

また、**女性が男性に話すときには、目を見つめて話すように意識する必要**があるということです。

ちなみに、男性も女性も、興味のある相手の場合は、話すときも聞くときも、しっかりと目を見つめるそうです。

興味があるなしに関係なく、いつも目を見て話すようにしたいですね。

15 話し方で成功する人は、アイコンタクトを心がけている！

16

成功する人は相手と共通点をつくり、失敗する人は共通点を探す。

初対面でも、同じ高校の出身だったり、趣味が一緒だったりすると、あっという間に親密な関係になりませんか？

私は同じ青森東高校の出身だと聞いたら、一瞬で先輩と後輩の関係になります。

また、同じギタリストが好きで、しかも同じ曲が好きだとしたら、かなり盛り上がります。何時間でも音楽の話をしてしまうでしょう。

では、共通点が見つからない相手が目の前にいるときは、どうしますか？　住んでいるところが一緒、出身地が一緒、趣味が一緒など、共通点があればいいのですが、そんなに都合良く見つかるものではないでしょう。

しかし、**コミュニケーションの天才たちは、まったく共通点がなくても、仲良くなれるのです。**

相手が90歳のおばあちゃんだったら、どんな共通点で盛り上げますか？　または、６歳の男の子ならどんな共通点がありますか？

おそらく、年代が違いすぎて仕事も趣味も共通点を見つけるのは至難の技でしょう。

天才たちが、どんな人が相手でも仲良くなれるのはなぜでしょう？

それは、趣味や出身地などの他に、共通点をつくる技術を持つからです。その技術をペーシングと言います。

１９７０年代に、天才と言われる３人のカウンセラーがいました。他のカウンセラーでは何年かけても治らないような症状を、わずかな期間で治療してしまうのです。

「なぜ彼らはそんなことができるのか？」、興味を持ったリチャード・バンドラー氏は、研究を重ね、彼らがクライアントと対面しているときに、全員が同じ技術を使っていることを発見しました。その技術を体系化したのがＮＬＰという心理学です。

さまざまな心理技術や心理療法がありますが、ＮＬＰはそれらのいいとこ取りした心理学なので、学んでいる人は近年どんどん増えています。

そのＮＬＰのテクニックの中に**「ペーシング」**があります。これは、相手と波長を合わせる技術です。

あなたの周りに、初対面の人とすぐに仲良くなってしまう、コミュニケーションの天才と言えるような人はいませんか?

そういった人たちは、誰とでも波長を合わせる「ペーシング」を人知れず使っているのです。

相手と共通点をつくるのが人間関係の基本です。波長を合わせることで、相手と親密な関係ができていきます。この親密な関係が築かれている状態を「ラポール」と言います。相手に好感を持たれて、信頼されている状態です。

コミュニケーションがうまい人たちは、どんな相手にも瞬時で波長を合わせるのです。

コミュニケーションが下手な人はその逆です。相手が、自分に波長を合わせてくれるのを待ちます。

どんな相手に対しても、自分なりのコミュニケーションを取るから、波長が合う人と、合わない人に分かれてしまうのです。

「あの人とは波長が合わない」というのは、波長合わせがうまくやれていない証拠です。

親密な関係を築くには、３つのペーシングをする必要があります。

①言葉のペーシング

②声のペーシング

③ボディーランゲージのペーシング

この３つのペーシングを使いこなせるようになれば、波長が合わない人はいなくなります。どんな相手でも、初対面から親密な関係をつくれます。

この３つを、次項から詳しく説明します。

16 話し方で成功する人は、誰とでも波長を合わせる！

17

成功する人はそのまま返し、失敗する人は一言つけ加える。

言葉で相手と波長を合わせる場合、2つの方法があります。

「言葉のバックトラック」と「意味のバックトラック」です。

「言葉のバックトラック」は、相手の言葉をそのままオウム返しすることです。

「意味のバックトラック」は、相手の言いたい意図を汲み取って、返すことを言います。

①言葉のバックトラック

「この前の日曜日にさ、家族みんなで上野動物園に行ってきたんだよ」

「へえ、上野動物園に行ったんだ」

②意味のバックトラック

「この前の日曜日にさ、家族で上野動物園に行ってきたんだよ」

「おお、上野動物園と言えば、パンダでしょ！　パンダ見た？　子供はパンダが大好きだから喜んだでしょ！」

あなたは、どちらのリアクションの方がいいと思いましたか？

かなり多くの人が、②を選びます。

しかし、もしあなたが②を選んだとしたら、あなたは、「人の話を聞けない人」に認定です。

それは、「上野動物園に行ったことから、どんなことを話したかったのか」をあのセリフだけで判断してはいけないからです。

もし、②のように、勝手な推測や憶測のリアクションがなかったとしたら、次のように話したかったのです。

「上野動物園に行ったらさ、日曜日だったらすごく混んでて……まあそれよりも、そのあとにアメ横に行ったんだけど、大トロを3千円分も買っちゃったよ。『1万円を3千円でどうだ！　持ってけ！』とか言われて買っちゃってさ！

家に帰ってから食べたら、味がなくてがっかりしたんだけどね。

やっぱり商売っていうのは勢いとタイミングだね。こちらの顔色を読んでいいタイミングで値引きするんだよな。モノを売れる人っていうのは、観察力が大事だね」

しかし、「おお、上野動物園と言えば、パンダでしょ！　パンダ見た？　子供はパンダが大好きだから喜んだでしょ！　パンダって竹や笹が主食だけど、竹なら何でもいいというわけではなく、食べる種類が決まってるんだって。

そう言えば、草食なのに牛とかゴリラとかは、すごい筋肉がついてるでしょ。草からアミノ酸をつくる微生物を、腸内に持ってるからなんだって！」

こんな風に、パンダの主食や、草食動物の消化の仕組みなど、延々と話しはじめる人がいました。

私にはそもそも子供がいないし、ましてや草食動物の消化のしくみを聞きたかったわけでもありません。それらは、私が話したかったことに、かすりもしていませんでした。

このように、②の**「意味のバックトラック」をすると、自分の憶測や推測をかぶせて話を進めてしまいます。**

自分の思い込み、憶測、推測など、自分が話したくなることを、ブロッキングと呼びます。

ブロッキングの予防のためにも、**一番無難で、一番確実な「言葉のバックトラック」をするようにしましょう。**

しかし、言葉のバックトラック、つまりオウム返しが下手な人もいます。

「この前の日曜日にさ、家族で上野動物園に行ってきたんだよ」

「へえ～、この前の日曜日に家族で上野動物園に行ってきたんだ？」

このように、文脈でオウム返しすると、もはやギャグのような状態になります。

ですから、オウム返しはキーワードをひとつだけ拾って返すのがコツです。返す言葉は短ければ短いほど、テンポを崩すことがなく、話を盛り上げることができます。

相手との会話で、何か一言つけ加えるのが習慣になっている人は多いでしょう。そういった人こそ、言いたいことや思いついたことをグッとこらえて、相手の言葉をそのまま返すことを習慣にしましょう。

17 話し方で成功する人は、キーワードひとつだけのオウム返しが得意！

18
成功する人は声の調子を合わせ、失敗する人はマイペースで話す。

空気が読めない人って、どんなイメージがありますか?

周りが静かに話しているのに、大きな声で話す人がいますよね。

その逆もあります。みんなで盛り上がっていて、おもしろい話を声を張ってしているのに、ボソボソ話す人。これでは、空気が一気に冷めてしまいます。

このように、空気を読むというのは、**声の大きさ**が占める部分がとても大きいのです。

声の大きさを合わせるのは、とても大事ということです。

声の大きさの他に、**声のテンポ**も大事です。

ゆっくり話す相手なのに、こちらがテンポ良く、「はいっ!」「ええ!」「うん!」と、ハキハキとあいづちを打つと、せかされている感じを与えてしまいます。

テンポ良く話す相手に、「あ〜、そうなんですね〜」とのんびりと返すと、聞き流されている感じを与えます。

いずれにしても、テンポをずらすと聞いていない感じを与えてしまうのです。

営業をやっていると、売れたり売れなかったりと波があります。これは仕方がないことですが、スランプに入ってしまうと、売れない焦りから、お客様に波長を合わせられなくなるのが一番の問題です。だから、ますます売れなくなってしまうのです。


売れない営業マンほど、いつも元気で明るいです。

お客様がボソボソ話そうが、元気でシャキシャキ話そうが、気にせず自分のテンポで明るく話すから、アポも取れないし商品も売れないわけです。

電話でアポを取る営業を7年近くやっていたときに、ものすごく売れて自己記録を出したことがあります。NLPのセミナーに参加した直後のときで、声のペーシングを練習して、それを本番で試したのが大きな理由です。

相手の声の大きさやテンポをよく聞いて、瞬時に合わせることで、どんな相手とも波長が合うようになります。

声のトーンも大事です。

相手がボソボソ話していたら、声のトーンは低いはずです。ということは、あなたが普段、声が高いタイプだとしても、声のトーンを落として、相手に合わせる必要があります。

ボソボソ話すと印象が悪いと思うなら、ぴったり同じトーンにしなくても、いつもより低めで落ち着いたトーンで話すようにしましょう。

相手のトーンが高い場合、同じように高いトーンで話します。

ただし、あなたの声のトーンが低い場合は、トーンを上げて話すのが難しいと思います。普段ボソボソと話す人は、長年の習慣で低いトーンが身についてしまっているでしょう。でも、普通に歌を歌えるなら、高いトーンでも話せるはず。改善するには、意識し続けるしかないのです。

ぜひ頑張ってやってみましょう。

間も大事です。

こちらが質問を投げかけても、答えがすぐに返ってこない人はいます。そんなほんの2秒の沈黙もこらえきれず、しゃべりはじめる人がとても多いのです。

このような人は、「沈黙恐怖症」になっています。

人によって間は違います。相手の間を大事にして、同じ間で話していくのが、相手と波長を合わせるためのコツです。

間を合わせるには、呼吸を観察することです。

話しているときは息を吐いています。息継ぎのタイミングなど息づかいをよく聞きましょう。相手が沈黙していたら、呼吸の深さと呼吸のテンポを合わせるのです。

常に意識しておきましょう。

18 話し方で成功する人は、相手の話し方をマネる！

19

成功する人はアゴをよく見て話し、失敗する人は話すことに夢中になる。

相手の言葉をそのまま使って、声の調子を合わせたら、最後はボディーランゲージを合わせる段階に入ります。

ボディーランゲージの要素は以下の４つです。

①姿勢
②重心
③表情
④呼吸

最初は、姿勢を合わせます。

相手の背筋が伸びていたら、こちらもピンと伸ばします。相手がリラックスして猫背なら、こちらも猫背といった具合です。

その次は重心を合わせましょう。

相手が右足に重心が乗っていたら、自分は左側に重心を載せます。このように鏡写しのように合わせることを、ミラーリングと言います。相手がお茶を飲むときに、右手で茶碗を持ったら、自分は左手で持ちます。そうして、動きの波長を合わせていきます。

次に表情です。

楽しい話をしていたら笑顔で聞きます。悲しい話は悲しい顔で、不安や苦しい話も相手と同じ表情で聞きます。

一番合わせて欲しいのは、呼吸です。

波長が合った状態、心が通った状態を「息が合う」と言うように、息を合わせると、深い親密な関係を築けます。

呼吸のペーシングは３つの要素があります。

①呼吸の場所
②呼吸のリズム
③呼吸の深さ

ノドや肩で呼吸をする人、胸で呼吸をする人、お腹で呼吸をする人。まずは、どの部分で呼吸しているかを観察します。

次に、しゃべっているときには息を吐きますから、それに合わせて自分も息を吐く。息継ぎのタイミングを合わせて、自分も息を吸う。

その深さも合わせます。

このような呼吸のペーシングを、カウンセリングを学びに行っていたときは、毎回練習していました。でも呼吸のペーシングはとても難しいです。

それで、いろいろと研究しているうちに発見したペーシングがあります。それはアゴです。実は、**アゴのリズムや深さを合わせると、呼吸が合っていく**のです。

相手のアゴの動きに注目してください。

話をしているときに、アゴが小刻みに動く人、とても大きく動く人、また、鋭く動く人もいれば、ゆったりと動く人もいます。

相手のアゴの動きに合わせて、同じリズムや深さでアゴを動かします。

すると不思議。相手とピッタリのリズムでアゴが動くようになると、親密な関係がどんどん築いていけるようになるのです。

呼吸そのものを合わせるのは、かなりの観察力が必要ですが、アゴの動きなら誰でもマネできます。

アゴのペーシングを徹底的に練習していくと、数週間で驚くほど人間関係が変わります。

今日からぜひ試してください。

19 話し方で成功する人は、相手をよく観察する！

20 成功する人はチャンクを合わせ、失敗する人はチャンクがずれている。

「お腹すいたね。どこに行く?」

この質問に対して、3つの答えがあります。

①「そうだなあ、おいしいものが食べられるところがいいなあ」

②「中華がいいかな」

③「麻婆豆腐が食べたい」

チャンクとは、塊という意味です。

①を選んだ人は、チャンクが大きい人です。大きな目標を立てたり、ビジョンなどをつくる作業などが得意です。ただし、具体的な部分に落とし込んで進めていく実務的な部分は、おろそかになりがち。チャンクダウンをして、細かなことにも気を配っていくことが

大事です。

②を選んだ人は、チャンクが中間の人です。バランスが取れている分、強みがないとも言えます。

③を選んだ人は、チャンクが小さい人です。目の前のことを処理していったり、実務に関して得意です。細かいことに目が届き、しっかりとしているので、とても頼りになります。ただし、「木を見て森を見ず」という傾向が強いので、目的を見失ってしまったり、細かいことにつまずいて動けなくなることがあります。そこで、チャンクアップして、大きな目標と、目的を明確にしておくことが必要です。

「何のためにやるのだろうか？」

「自分はどうしたいのか？」

「自分はどうなりたいの？」

このように**チャンクが大きい質問を自分にすることによって、本来の目的を明確にできます。**

チャンクダウンとチャンクアップ。それぞれの強みがありますので、上手に使い分けていきましょう。

さて、**チャンクがずれていると話が噛み合いません。**


「お客様はどんな家を探していらっしゃるんですか？」

「そうですね、気持ち良く住める家がいいですね」

「でしたら、この家は、床暖房もありますし、冬はとても快適ですよ」

「う〜ん、そういうことじゃなくて、精神的に落ち着く感じの家がいいんだよね」

「なるほど、でしたら、床は落ち着いた色ですし、いいと思いますよ」

「ええ、今日はちょっと用事が……、その気になったらまたきます」

このように、お客様と営業マンのチャンクがずれていると、まったく話が進みません。
この場合の**営業マンは、まずはお客様のチャンクに合わせるべきです。**

「気持ち良く住める家がいいですね」

「なるほど、気持ち良く住みたいですよね！　具体的にはどんな感じですか？」

「精神的に落ち着く感じの家がいいんだよね」

「落ち着く家にするには、どんな条件が必要でしょうか？　色は関係しますか？」


このように、まずは相手のチャンクレベルに合わせた会話をします。この場合なら、チャンクがかなり大きいので、まずは概念的な話題からはじめます。そこから、少しずつ具体的で詳細を詰めていくような会話を順番にしていきます。

常に相手に合わせた会話を心がけることが、成功する人の条件です。

20 話し方で成功する人は、相手が望んでいるレベル感で話す！

21
成功する人は興味のない話題でも共感し、失敗する人は飽きてしまう。

「昨日のゴルフで、80を切ったんだよ！」

こんな風に、相手が、自分の知らない分野の話題をしはじめたら、どうしますか？

あなた自身は、ゴルフをしたことがないし、やりたいとも思わない。スコアが80を切ったとか言われても、それがすごいのかどうかもわからない。

そんなときは、質問で盛り上げましょう。

名づけて、「舎弟的質問」をします。

「アニキ！　それって何ですか？　すごいっすね！」

まあ、こんな言い方をしなくてもいいですが、興味のない話でも、まるで舎弟のように質問をして教えてもらうのです。ちょっと上品に言えば、**相手の生徒になって、リスペクトを表しながら質問する**のがポイントです。

せっかく自分の知らないことを知っている人が、目の前にいるわけです。興味が持てなくても、教えてもらいましょう。その話がどこかで役立つことがあるかもしれません。

大事なのは共感することです。

誰でも、自分の得意なことや好きなことに対して、いろいろ質問して聞いてくれたらうれしいものです。相手は、自分の得意分野を楽しく話せて気分が良くなります。

すると、

・あなたに対して好感を抱きます
・あなた自身の知識も増えます
・あなたの聞き方の練習もできます

相手に喜んでもらえて、自分の知識が増えて、コミュニケーションスキルも上がる。まさに、一石三鳥です。

知らない話題でも、どんどん積極的に関わって、いっぱい相手に話してもらいましょう。

するとどんな相手でも、楽しく会話がはずむようになっていきます。

ここで大事なのは、相手に喜んでもらうことです。

自分に興味を持ってくれて、自分の話を熱心に聞いてくれる人は、それほど多くはいないでしょう。あなたと話をして楽しい気分になる人が増えるということは、あなたを応援してくれる人が増えることにつながります。

話し方で成功する人は、他人を喜ばせるのが生きがいです。

お金やモノで喜ばせるのではなく、「あの人と一緒にいると楽しい」と思われるように心がけています。

自分がネタを提供する必要もありません。相手の話を聞くことで、相手に喜んでもらえるのです。

すると、相手がそのうち、次のように切り出します。

「自分ばっかり、ずいぶんペラペラとしゃべっちゃいましたね。ところで、あなたは、どんなことが趣味なんですか？」

徹底的に相手にペラペラしゃべってもらうと、このような反応が返ってきます。そこでようやく、自分が伝えたいことを話すのです。

相手が聞く姿勢でないときに、自分が言いたいことを話しても届きません。

私が売れる営業マンになったきっかけも、こういった聞き方ができるようになってからです。

「あ、自分の話ばかりして申し訳ない。ところで、その商品はいくらだっけ。じゃあ、注文しようかな」

「え？　商品説明をほとんどしてないですけど、本当にいいんですか！」

こんな風に、ろくに商品説明もしないで、熱心に相手の話を聞き続けているだけで、お客様が「買うよ」と言い出してくれることが多くなりました。

相手が喜んでくれることをしていると、自分にも大きな見返りがあるものなのです。

21／話し方で成功する人は、知らない話題でも積極的に関わる！

第4章

できる人に思われる、わかりやすい「伝え方」編

22

成功する人は「わかってもらおう」と考え、失敗する人は「察して欲しい」と思う。

話し方で成功するとは、豊かな人間関係の中で生きるということです。

人間関係に恵まれた人は、他人への気遣いが素晴らしいです。「自分ができることは、できるだけしてあげよう」という気持ちにあふれています。

反対に、**人間関係でうまくいかない人は、周りから「してもらえる」ことを期待します。「受け身で待っているだけ」ということが多い**のです。

しかし、相手に何をして欲しいかは伝えないので、相手が気づくことはほとんどありません。

それなのに、期待したことをしてもらえなかったときには、文句を言いはじめます。

「あれをしてくれなかった！　これもしてくれなかった！」「気遣いがない」「わかってくれない」と、相手の批判をするのです。

どうしてそうなるかというと、**深層心理に、「被害者意識」が常につきまとっているから**です。

・自分は大事にされない
・大事にされる価値がない
・誰にも愛されない

そんなマイナスのパターンが刻まれている場合が多いのです。


「何を怒ってるんだ？　言いたいことがあったら言えよ」

「え？　わからないの？　察してよ」

「そんなことを言われても、口で言わなきゃわかるわけないだろ！」

「ちゃんと私のことを見てたら、わかるはずよ！　愛してないんだわ！」


不満があっても、具体的に口では言わない。

でも、態度で、私がこんなにも不機嫌だというサインを示しているんだから、「察してよ」と言う。

ここで、女性の皆さんに忠告です。

男性にそれを求めても、期待を裏切られるだけです。ちょっとした表情の違いだけで女性の感情を見抜くなんて、ほとんどの男性にはできません。

女性にとっては当たり前の「察する力」は、男性に皆無なのですから。

幼児の頃には、口で説明しなくても、泣いたり、不機嫌になっていれば、お母さんがあれこれ世話を焼いてくれました。実は、このパターンを大人になっても使い続けている人が多いのです。

しかし、子供の頃には通用していたことも、大人になってからは通用しません。だって周りの人は、お母さんではないのですから。

もうひとつ、コミュニケーションがうまくいかない人の特徴があります。

それは、**コミュニケーションを取ることを、あきらめてしまう**ことです。

・どうせ言ってもわかってくれない
・言うだけムダ
・もういいや

このように、自分の想いを言葉で伝えようとする努力を放棄してしまうと、深い関係を築くことはできません。あきらめてしまうから、話し方のスキルも上がらなくなるのです。これも、「自分のことはわかってもらえない」という、マイナスの思い込みが原因になっています。

自分がして欲しいことをやってもらうには、まず自分がしてあげるのが成功法則の基本です。気遣いをしてもらえる自分になるには、まずは自分が気遣いをすることです。

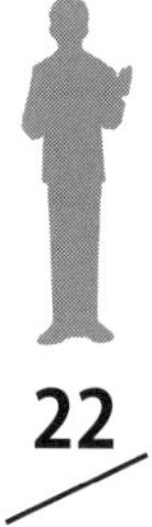

22／話し方で成功する人は、自分の気持ちを言葉にして表す！

23 成功する人は結論から話し、失敗する人は理由から話す。

私がサラリーマンだった頃、「オマエの話は長い！　結論から話せ！」と上司によく怒られていました。上司にしてみれば、なかなか本題に入らない私に対してイライラするのも当然です。

前置きが長くなってしまうパターンは、概ね2つあります。

①自信がない

話の内容は、次の3つに分類できます。

1、「こういうことがありました」という、事実。
2、「たぶん、こうだと思います」という、自分の予想。
3、「こうした方がいいと思います」という、自分の意見。

長い前置きをなくして簡潔に話してしまうと、「事実」「予想」「意見」のどれを述べているかが明確になります。すると、自信がない人にとっては困ります。

なぜなら、責任を回避したいという意識があり、意見を求められてもはっきりと答えたくないからです。そこで、**自分の意見を求められる可能性が高まることを避けるために、ダラダラと状況の報告をしてしまう**のです。

また、単刀直入に報告や提案をして、「そんなのはダメだ！」と一刀両断されたくないという怖れもあります。だから「しっかり理解してもらうために、それまでの過程もしっかりと話さなければいけない」という心理が働くのです。

②自信過剰

反対に、自分に自信がありすぎて、自説を延々と語るのが自信過剰パターンです。

「その自信はどこからくるんだろう？」と不思議に思うくらい、自信にあふれています。

聞いてもいないことについて、延々と語り、人の話をきちんと聞けない。質問にもきち

んと答えないタイプです。

特に、部下など目下の人が相手だと、長々と話が続きやすいです。

いずれのタイプにしても、メンタルの影響が大きいので、「結論から話してくれ」とお願いしないと直りません。自分がどちらかのタイプだと思うなら、まずは改善できるように意識しましょう。

私自身、毎回「結論から話せ！」と言われていたので、そのような癖がつきました。すると、細かいことは何も聞かれずに、「じゃあ、それで任せる」と言われることが増えてビックリしたものです。

もちろん、理由を深く聞かれる場合もありますが、いずれも上司が決めることです。

話し方で成功する人は、ロジカルシンキングを身につけています。

ロジカルシンキングには４つの手順があります。

①冒頭で結論を一言で言う

②その結論の理由をおおまかに言う
③理由を詳しく述べる
④最後にもう一度結論を述べる

前置きが長い人は、③の理由を詳しく述べるところから話しはじめるので、失敗するのです。

そこで、まずは結論から伝える習慣を身につけていきましょう。

「結論からお伝えします。◯◯です」

このフレーズを覚えて、毎回意識して使うのです。結論を伝えて「その理由は？」と聞かれたら、多くても理由を３つに絞って話すのがコツです。

「理由は３つあります。ひとつ目は……」

これも習慣づけておくと、とてもわかりやすく伝えることができますし、頭が良さそうな印象を与えることにもなります。

23 話し方で成功する人は、説明が短い！

24 成功する人は相手によって伝え方を変え、失敗する人はいつも同じように伝える。

「言っていることはわかるが、気分が乗らない」

交渉や商談でこんな反論をされたら、それ以上、理論的に説明してもムダです。これらの反応は、私たちに心を動かす表現力が欠けていることが原因です。

人は五感を使って情報を取り入れていますが、人によって優先して使う感覚が違うのです。そして、言葉の使い方・響き方も変わります。

① 視覚優先タイプ

脳の中で描いた絵や動画を思い描いて、そのイメージに優先してアクセスするタイプ。映画の感想を聞くと、「あのシーンがすごかった!」「クライマックスのときの表情が素敵だった」と、視覚イメージが中心で答えます。携帯電話を選ぶときの判断基準は、デザインや色です。

②聴覚優先タイプ

脳の中で聞こえる言葉や音を優先してアクセスするタイプ。

映画の感想は、「あのセリフが響いた」「音楽が良かった」と、聞こえる音が中心になります。携帯電話を選ぶときの判断基準は、何よりも音質です。

③身体感覚優先タイプ（触覚、嗅覚、味覚をまとめて、身体感覚と呼びます）

体の感覚や、感情に優先してアクセスするタイプ。

映画の感想は、「ジーンときた」「涙が止まらなかった」「胸に突き刺さった」など、身体的な表現が多くなります。携帯電話なら、手にしたときの感触が決め手になります。

④理論優先タイプ

五感は使わず、自分との対話が中心で、理論が得意なタイプです。

ウンチクが大好きです。映画の感想はこんな具合です。

「制作費が１２０億で、鈴木監督が構想10年の大作なんだよ。すでに観客は12万人動員していて、今週のランキング3位の人気だよ。ストーリーがとても緻密で、おもしろかった」

このように、数字が多く、理論的で明確な口調が特徴です。また、感情を排除した表現が多くなります。携帯電話なら、とにかく多機能なものを選びます。

同じ理論タイプ同士なら、理屈だけで説得しやすいです。

しかし、視覚タイプ、聴覚タイプ、身体感覚タイプには、それぞれ合った表現が必要なので、通じにくくなります。

・視覚タイプには、見える話をします

「皆さんの笑顔が見えるようになりますよ」

「世間には、こんな風に見られるようになりますよ」

・聴覚タイプには、聞こえる話をします

「皆さんの笑い声が聞こえるようになりますよ」

「世間には、こんな風に言われますよ」

・身体感覚タイプには、感じる話をします

「皆さん、とっても安心して働けるようになりますよ」

「世の中の役に立っているって感じられるようになりますよ。そうしたらとても気分がいいですよね」

・理論タイプには、数字と理論をしっかりと言います

「今までのものより、120％向上しています」

「心理学的に言って、五感を使いこなすのがベストなんです」

相手によって、伝わる表現が違います。臨機応変に使う言葉を変えるのは難しいですが、相手がどのタイプなのかしっかりと見極める練習をしていくことで、精度がどんどん上がるでしょう。

24 話し方で成功する人は、相手に響く言葉を見つける！

25 成功する人は小学生でもわかるように話し、失敗する人は頭がいい人だと見えるように話す。

話がうまくて、人を巻き込んでいく人たちの特徴は、話がとてもわかりやすいことです。

ここでは、逆に話がわかりにくい人たちの特徴を挙げてみます。

①指示語が多い

わかりにくい人の話は、「こそあど言葉」がとても多いです。何を指しているのかがわかりにくく、会話を混乱させてしまうのです。

「こそあど言葉」とは、次のような指示代名詞の総称です。

「これ・それ・あれ・どれ」（代名詞）
「こんな・そんな・あんな・どんな」（形容動詞）
「こう・そう・ああ・どう」（副詞）

「この・その・あの・どの」（連体詞）

できるだけ、指示語を使わないで、丁寧に話すように心がけましょう。

② 言い換えない

会話中に専門用語を使ったとします。そのときに、相手の反応が悪かったら、すぐに他の言葉に言い換えるのが、話し方で成功する人です。

うまくいかない人は、相手に対する思いやりが欠けているために、語彙が通じていないように感じても、同じ語彙を何度も繰り返したり、ゆっくり言い直したりするだけです。

誰でもわかる言葉に変換する能力が乏しいのです。

簡単な語彙に言い換えられる能力は、普段の読書量がモノを言います。語彙を増やす努力をしていきましょう。

③ 抽象的すぎる

話がわかりにくい人は、抽象的な会話が多いです。

「あのプロジェクトはどうなってる?」

「はい、うまく進んでます!」

「うまくって何だ?」

「先日までイマイチでしたが、今週になってようやく、グーンと勢いがついてきました」

「数字で言え!」


「松橋君、お客様には心から接しろ!」

「心から接するとは、どういうことでしょう?」

「相手想いが大事だってことだ!」

「具体的にはどうすればいいでしょう?」

「もっと親身になれということだ!」

「(全然、具体的じゃない……)」


このような会話をする人は、身体感覚優先の人が多いです。24項でも述べましたが、五感の使い方は、人それぞれ違っていて、3つのタイプに分かれます。

・視覚優先の人
・聴覚優先の人
・身体感覚優先の人

この中で、身体感覚優先の人は、抽象的な言葉が多い傾向にあります。体や気持ちで感じた感覚が中心になります。

この感覚は言葉にしづらく、抽象的な言葉で表現しがちなので、視覚や聴覚が優先の人にとってはわかりづらいこと、この上ないのです。このような人は、できるだけ数字を使うように意識すると、具体的な会話が成り立ちます。

いずれにしても、10歳にわかるように話すことが、話し方で成功する人たちの共通点です。

26 成功する人はＩメッセージで頼み、失敗する人はＹＯＵメッセージで頼む。

ある男性に聞いた話ですが、その人の奥さんは、人を動かす名人だそうです。奥さんに言われると、なんだか断れないうちに、頼まれごとをやってしまうらしいのです。

お話を聞いてみると、その人の奥さんは、潜在意識を動かす見事な心理技術を使いこなしていました。

「ゴミを捨ててきて」

このように、頭ごなしに命令することは、ほとんどないと言います。

もし、そのように命令されたなら、「今はめんどくさいよ」とか、「もうちょっとゴミが溜まってからでいいよ」というように、やらない言い訳を引き出してしまいます。

コントロールされたくない男性なら、全力で回避するものです。

このように、**「（あなたは）、〜をしてよ」という依頼の方法を、「ＹＯＵ（あなた）メッ**

セージ」と呼びます。

「（あなた、）ゴミを捨ててきて」
「（あなた、）部屋をきれいにしてよ！」
「（あなた、）この仕事をいつまでにやってください」

このように、「（あなたは）～しなさい！」という言い方は、強い命令と強制を要求することになります。

この依頼方法ですると、相手は瞬時に防御の姿勢に入るのです。

これに対して、その男性の奥さんがいつも使う頼み方は、
「ゴミを捨ててきてもらえると、助かるんだけど？」

このフレーズを分析すると、Ｉメッセージを使い、さらに質問型になっています。これは、潜在意識を動かす言い方です。

「ゴミを捨ててきてもらえると、（私は）助かるんだけど？」と、主語が「私」にした伝え方なので、これを「I（私）メッセージ」と言います。

命令形ではなく、自分の感想を伝えています。

この言い回しだと、「私が助かる」という自分の感想を口にしているにすぎず、命令や強制をしている感覚がありません。

相手にとっては、自分を責められている気がしないので、頼みごとを受け取りやすくなります。

さらに、締めくくりで疑問形を使っています。質問を投げかけるという体裁を取っているので、言われたご主人からすれば、奥さんを否定する要素がありません。

すると、答えはひとつです。

「ああ、そうか、じゃあ捨ててくるよ」

このように返すのが自然ですから、結局ご主人はゴミを捨てに行くことになります。

話し方で成功する人は、周りの人に動いてもらうのがうまいです。

ただ自分の感想を話しているようにしながらも、相手の潜在意識には依頼したメッセージが刻み込まれて行動に移したくなる。このような、命令や強制を感じさせない頼み方をするのがコツです。

「～してくれると、とてもうれしいんだけど」
「～してくれると、とても助かるわぁ」
「～されると困るわぁ」
「～されると心配するわぁ」
「～されるとつらい」

この「Iメッセージ」を、ぜひ習慣にしてください。

26

話し方で成功する人は、命令や強制を感じさせない頼み方をする！

第5章

仕事がうまくいく「話し方」編

27 成功する人は雑談をし、失敗する人はムダ話をしない。

「ムダ話は禁止」。そんな会社もあるようですが、成功する人ほど雑談の重要性を知っています。

私が尊敬する上司は何人かいますが、その人たちは、共通して「部下への声がけ」が多かったように思います。

「お、おはよう！　なんだ？　今日は気合が入ってる顔をしているな！」など、ポジティブな気分にしてくれるような一言から一日がはじまります。

また、合間合間に、他愛もない話をしている時間がけっこうありました。天気の話、ニュースの話、スポーツの話など、仕事の話よりも、むしろそれ以外の話が多かったように思います。

これは、本人がおしゃべり好きで、なんとなくやっているものだと思っていたら、どうやら違っていたことがのちのち判明しました。

私が昇格して、支店長になった直後のことです。

「松橋、朝は出社してきた部下の顔をしっかり見て、コンディションを把握しろ。そして、何でもいいから声をかけろ」

「合間を見つけて、全員と雑談しろ。話しかけられなかった部下は、だんだん離れていくぞ」

そうなんです。

単なるおしゃべりな人かと思いきや、実は戦略的に、部下の掌握のためにやっていたのです。

ある心理学の調査で、**人間関係で大事なことは、1回に接する時間の長さよりも、接する回数**だと言われています。つまり、お客様への商談で言うと、60分1回の商談よりも、20分3回の商談をした方が効果的ということ。

社内のコミュニケーションも、部下を会議室に呼んで30分の面談をするよりも、3分間の会話を10回交わした方が、親密な人間関係になるのです。

「休憩時間が苦痛です。仕事以外の話をするのが苦手で」という方からの相談がきっかけになって書き上げたのが、「あたりまえだけどなかなかできない雑談のルール」（明日香出版社）です。

その中で紹介したことですが、**「雑談とは、人とのつながりを確認する作業」**なのです。

仕事の話ばかりだと、つながりを感じられません。雑談のない関係は、つながりが希薄になってしまいます。

雑談がない会社は、社員の心を満たすことがなく、ギスギスしています。雑談ができない職場にいる人ほど、孤独を感じてしまうのです。

雑談をしない人は、次のようなメッセージを放ってます。

「あなたとはビジネスライクなつき合いだけをしたい。つまり、あなたとは親しい関係になりたくない」

できる上司ほど、このことを知っているから、盛んに雑談をします。仕事では厳しい上司ほど、フォローの意味も兼ねて、雑談で親密な人間関係をつくるのです。

また、部下にしてみれば、雑談の場は、自分のアイデアを提案するチャンスにもなります。会議などでの公式な発言と違って気軽に言えますし、上司の本音も知りやすいから、貴重な時間になります。

お客様との関係も同じです。

話し方で成功する人は、いきなり本題には入りません。充分な雑談で家の扉を開けてもらい、居間まで通されてから本題をはじめるようなイメージです。

話し方で失敗する人は、お客様の心の扉を開けようとしません。まるで家の中にいる人に対して、道路から呼びかけているようなことをします。

雑談を積極的にすることで、社内の関係も変わりますし、お客様との関係も変わります。

27 話し方で成功する人は、日頃から小さなコミュニケーションを積み重ねている！

28

成功する人は相手のプライドを尊重し、失敗する人はまっこうから否定する。

あなたは、こんな思いをしたことがありませんか。

「課長、こういうときは、□□の対応をしたらいいと思うのですが、いかがでしょう?」

すると、課長は必ず否定から入ります。

「いや、お前はわかってないな。それじゃダメなんだよ。ダメな理由はな、◯◯という理由と、△△という理由があるだろ。わかったか?」

「はい……。ではどうしたらいいでしょう?」

「自分で考えろ!」


かつて私には、このように自分の意見を言うと、どんな意見でも必ず否定する癖を持つ上司がいました。しかも、さんざん否定していたにもかかわらず、しばらく時間が経つと私が提案したことを採用していたりするのです。

「えっ！　あんなに否定しておいて、結局は自分の意見のように言っている……」

とびっくりすることも多々ありました。

まあ、私も自分の知識に自信があったので、上司のプライドを立てて話をするという配慮が足りなかったのかもしれません。


いちいち否定する上司は、「部下の意見を受け入れたら負け」という気持ちがあります。

このような人たちは、基本的に、とにかく負けん気が強いです。心の中では「いい意見だな」と思っていても、部下への対抗意識が燃え上がり、決して賛成しません。

もちろん、負けず嫌いが悪いということではないのです。

世の中で成果を出している人は、とても負けず嫌いが多く、だからこそ成果を出して、部下を持てるポジションについているのです。そして、責任感が強くて、親分肌の傾向があります。

ですが、子供っぽさが残る負けず嫌いとなると、周囲に毒を撒き散らします。相手の話を否定せずに聞けません。**部下の意見の受け入れるということは、部下より下になってしまうという、間違った危機感を持ってしまう**のです。

それは、「自分は、部下とは違って優秀なんだ！」というアピールに他ならないのです。

このタイプの上司には、見栄っ張りな性格の人が多いです。


このような上司の周りには、イエスマンしか残らなくなります。

何か意見を言っても、いちいち反論されるのがわかっていたら、自分からアイデアを出すような創造性を持つ部下はいなくなっていきます。

否定し続ける上司にとって、部下は自分の優秀性を確認するための存在だとさえ思っています。権力を手にしたことで、子供の頃にほめてもらえなかった想いを、ようやく癒しているとも言えるのです。


話し方で成功する人は、このような心理を理解して対応します。

上司の子供の部分に波長を合わせず、ムダな討論をしません。

先ほどの課長との会話だと、次のような受け止め方が考えられます。

「いや、お前はわかってないな。それじゃダメなんだよ。ダメな理由はな、◯◯という理由と、△△という理由があるだろ。わかったか？」

「なるほど、◯◯という理由ですね」

「ああ、そうだろ。だから、ダメなんだよ」

「さすが課長ですね！　そこには気づきませんでした」

「おお、まあな。まあ、お前のアイディアもまったく悪いわけじゃないけどな」

「ありがとうございます。ダメな理由はわかりました。ちなみに、こう考えてみるといかがでしょう？　そうすると、私のアイディアも実現性はあるかと思いますが？」

このように、相手との勝ち負けに巻き込まれずに、オウム返しでそのまま受け止める。

そして、相手を立てることを忘れなければ、突破の道は自然に開かれていきます。

反論を受け入れて、相手を否定せず、賞賛しつつ、自分の意見をじっくりと説明します。

大人としての対応力を磨くチャンスとして活かしていきましょう。

28 話し方で成功する人は、相手のプライドを尊重する！

29 成功する人は周りに感謝し、失敗する人は嫉妬されることを言う。

営業成績がトップで表彰されたりして、スピーチの機会を与えられたとき、どんなことを言いますか？

営業マン時代、私がはじめてトップになったとき、いろんな人が話しかけてくるようになりました。その中には純粋な羨望もありましたが、「もっと上を」というプレッシャーの言葉や、嫌味を言われることもしょっちゅうでした。

特に同僚たちのやっかみぶりは、すごいものでした。

それには理由があります。

表彰されたときの、私のスピーチが原因でした。

自分が評価されるのがはじめてだったため、舞い上がってしまったのもありますが、成功体験を嬉々として語り、自分の能力の高さをアピールしてしまったのです。

このような場では、**謙虚な姿勢で周りの人へ感謝を述べる**のが大事だということを知ったしだいです。

余談ですが、私は表彰されたあと、大スランプに陥って全然売れなくなってしまいました。自分の力をアピールしてしまったことに対して、大きなしっぺ返しを受けたのでしょう。

謙虚さは日本に限ったことではありません。アカデミー賞などでの受賞スピーチなどでも、「自分の力だけではない、みんなのおかげです」と謙虚に言うのが定番になっています。

これは、世界共通して、注目を浴びる人、成功していく人が、「嫉妬」という感情を一番怖れているからです。

成功する人は、嫉妬を避けるように、周りに配慮して話をします。

足を引っ張られて失敗していく人は、自分のアピールをして自分の首を締めてしまうのです。

ただし、表面的に「皆さんのおかげで」、「おかげさまで」と言えばいいということではありません。

また、それとは逆に、あなたが人の成功をうらやんで、嫉妬することがあるかもしれません。

「嫉妬や妬みは最低です。やめましょう」

こんなことを書いている本はたくさんあります。

また、「嫉妬している自分が嫌になる」という人も多いでしょう。

しかし、同僚が好成績を出して、上司から評価されて、自分よりも早く昇進したら、嫉妬を感じるのは当然です。

嫉妬とは、本来なら自分が手に入れられるはずだったものを、ライバルに奪われたときの怒りの感情です。この怒りを感じないようにしようとしても、無理な話です。

嫉妬を感じたときは、むしろ、自分を成長させるチャンスだと捉えることができます。

まずは、ここで、「昇進したところで仕事がきつくなるだけだよ」「昇給と言ってもたかが知れているからね」などと、負け惜しみを言いたくなる感情を見つめてください。そして、「ライバルが手に入れたものを、それだけの感情が揺さぶられるほど自分も欲しかったんだ」ということを受け入れるのです。

自分の感情を把握したら、次はその感情を、モチベーションのガソリンにしていきます。

ライバルと自分との違いを観察して、自分を高めるチャンスと捉えることで、大きな成長につながります。


こんなときにやりがちなのが、ライバルの悪口を言うことです。相手をこきおろして、自分の立場を守りたくなるのは、「引き下げの心理」と言います。これだと自分の成長を放棄するようなものです。

学ぶチャンスを逃さず、自分を高めていくのが、成功する人なのです。

29 話し方で成功する人は、他の人を立て、嫉妬を成長に変える!

30 成功する人はだまり、失敗する人はよく話す。

相手が考えていることや、望んでいることを聞き出せたら、コミュニケーションはどんなに円滑に進むでしょう。

相手がペラペラとしゃべる人ばかりなら、苦労はしません。でも、口が重い人、口数がとても少ない人から、本音を引き出すのは大変です。ましてや、こちらに気を遣っていたり、利害がからんでいたりしたら、そんな簡単に本音をしゃべらないでしょう。

それでも、相手にいつの間にか本音をしゃべらせてしまうコツがあります。

やり方を説明します。

①質問する
②答えが返ってきても、余計なことをしゃべらずにオウム返しだけする
③沈黙して、相手を見つめる

④ 5秒以上経過しても口を開かなければ、次の質問をする

ここでのポイントは、**「オウム返しだけして、沈黙する。そして待つ」**ということです。

このノウハウが、相手にペラペラとしゃべらせる真髄です。**いくら口が重い人でも、沈黙されるとポロポロと本音がこぼれてきます。**このすごさは、本を読んでいても伝わりにくいのが、本当に残念です。

30代の前半に、高級掃除機の営業をしていました。そのときに、社内トレーナーとしてまるまる1年間、社員に同行して営業指導する仕事をしていたことがあります。

そのときに、ある支店から連絡がありました。

「入社して3カ月の新入社員が、売れないで困っている。普段、接してみると話題が豊富でおもしろいし、コミュニケーション能力は高いと思う。同行指導をお願いします」

とのことでした。

朝から一緒の車に乗り込み、お客様の家に向かいます。

新人と言っても、私より年上の40歳。いろいろ経験しているだけあって、その道中でも、

たしかに話題が豊富。「多少、しゃべりすぎの傾向はあるにしても、これでなんで売れないんだろう?」不思議に思いながら、お客様の家に入り、後ろで観察していました。

お客様は、人の良さそうな60代の夫婦です。お決まりの質問からスタートです。

新人「お客様、今はどんな掃除機をお使いですか?」
お客「えーと、そうだな、確か……」(新人が割り込む)
新人「メーカーはどちらですか?」
お客「うん、どこだったかな、とうし……」(新人が割り込む)
新人「東芝ですか?」
お客「まあ、そうかな」
新人「排気は臭いでしょう?」
お客「うん、まあ、臭いと言えば……(何か言いかけるが新人が割り込む)」
新人「排気が臭いのは、細かいホコリが噴き出しているからなんですよ」

なんと、この新人さん、沈黙恐怖症だったのです。質問しても、2秒以上の間があると、とっとと自分で答えてしまったり、他の質問に言い換えてしまうのです。

お客さんはそのうち、「はい」しか言わない状態になります。もちろん、「はい」しか言わせない、誘導型営業をしているからです。

最低限のことしかしゃべらない関係ができ上がり、このままピークもなく終わりました。

営業が相手なら、お客様は警戒して当たり前です。でも、その警戒心を解いて、ペラペラしゃべらせることができなければ、心を動かすことはできません。

ペラペラしゃべらせるために大事なのが、相手にしゃべらせる時間です。その時間を生み出すのが「沈黙」です。

営業に限らず、**相手が警戒していたら、沈黙を使いこなして、相手にしゃべらせていく。**

これがコミュニケーションの達人のワザです。

30

話し方で成功する人は、相手が話す時間をつくる！

31 成功する人は慎重に話し、失敗する人は調子に乗って話す。

営業マンは、覚えることがたくさんある複雑な商品でも、たいていは1カ月もすれば流暢にしゃべれるようになります。

実はそこからが、不幸のはじまりです。

営業をやりはじめの頃は、セールストークをきちんと言えるように練習することが必須です。

私も帰社すると、先輩や上司相手にトークの練習をするのが日課でした。その甲斐あってか、ペラペラとしゃべれるようになりました。

しかし、成績が上昇するかと思いきや、以前にも増して、ますます売れなくなってしまったのです。すると、上司から「やる気がないからだ」とか、「気合が足りないからだ」と言われました。

そんな悲劇を体験している人は、きっと多いでしょう。

この原因、実はセールストークを暗記して、話せるようになったのが災いしていたのです。セールストークをマスターして、ペラペラしゃべれるようになったから、売れなくなったのです。

トークがうまくなると、一方的にしゃべる量が増えます。

トークがヘタだった頃は、話すネタも少ないので、お客様の話をよく聞きます。ところが、慣れてくると、自信満々にセールストークを機関銃のように撃ちまくるようになります。

すると、お客様の話を聞かなくなるのです。

大事なところなので、もう一度言います。

セールストークにとらわれすぎると、一方的にしゃべるようになり、お客様の話を聞けなくなるのです。

ほとんど雑談せず、営業マンのペースで進めるために、質問攻めと、説明攻めをはじめます。

さらに慣れてくると、お客様が質問したり、何かしら言いかけたときに、すぐに話を横取りするようになります。

お客様が話し終わらないうちに、自分が割り込んで、ペラペラ話しはじめるのが当たり前。すると、どうなるかというと、火を見るより明らかです。トークがうまくなればなるほど、売れない営業マンができ上がっていくのです。

事前に準備したトークやネタを話したいという思いが強すぎて、一方的に繰り広げてしまう。その結果、成果が得られないのです。

特に、**知識やウンチクが好きな男性は要注意**です。

知識量、情報量の素晴らしさが、自分の素晴らしさだと考えている人が結構います。

彼らは、知識をたくさん仕入れて話がうまくなれば、もっと一目置かれるようになると思うから、研究熱心になり、ますます知識が豊富になっていきます。

そのようなタイプは、相手の興味があるかどうかも確認しないで、自分の得意分野を話します。

例えば、デートでも、うんちくをアピールする。

すると、コミュニケーション能力の高い女性なら、「すごいですね！」「物知りですね！」

などと言って盛り上げてくれるでしょう。

それでますます調子に乗って話し、デートがうまくいったと勘違いします。

次のデートに誘おうとしてラインやメールを送ると、

「親の体調が悪くて、毎日すぐに帰らなきゃいけないんです」

「仕事が忙しくて、時間が取れないんです」

などと、途端に相手の女性の家族が体調を崩したり、お茶も飲めないほど仕事が忙しく
なるようです。

気をつけてくださいね。

31 話し方で成功する人は、知識をひけらかさない！

32

成功する人は落ち込もうとし、失敗する人は落ち込まないようにする。

「人前でうまく話せないんです。この前も、30人の前でプレゼンをする機会があったんですが、全然ダメだったんですよ。どうしたらうまく話せるようになりますか？」

このような相談を受けることがあります。

そんなときに、次のような質問をします。

「リハーサルは何回しましたか？」

「ええと、1回やりました」

「1回だけ？」

「はい」

「録画して、チェックしましたか？」

「そこまではしてないです」

「では、話す内容を最初から最後まで、声に出してリハーサルしましたか?」

「いいえ、していないです」

「台本をしっかりつくりましたか?」

「はい、パワーポイントで用意しました」

「何を話すか決めて、台本をつくりましたか?」

「いえ、そこまでは」


こんな風に、ほとんど準備をしていないのに、「うまくいかないので悩んでいる」という人が多いのでびっくりします。

ペラペラしゃべるのがうまい人たちを見ると、「天才だなあ」とか思うかもしれません。まったく話し方の練習なんてしていないように見えます。

でも、**人を惹きつけるインパクトのある話は、案外、何度も磨き上げてきた持ちネタだったりします。**

セミナーや講演などで、講師がすごくおもしろい話をしているのに、傍らにいる秘書やスタッフたちのリアクションが薄いときがあるのですが、私は「あ～、いつもの定番トークなんだろうな。おつきの人たちにとっては、聞き慣れている話なんだろうな」と、思ってしまいます。

私自身、初対面の人には、毎回同じような自己紹介をしていますし、多少話し込むようになったら、リアクションが期待できそうなネタを使います。まして、講演などで人前で話すとなれば、何度も使って磨きあげた持ちネタを組み合わせて話すことになります。

同じコンテンツを長年やっているからこその完成度、というものがあるのです。

営業マン時代は、同じトークを何百回、何千回としていたので、言葉に対する感性が磨かれました。どんな言葉を使ったら反応がいいのかや、相手の心を打つのかが、感覚的にわかるようになるのです。

あのスティーブ・ジョブズでさえ、新製品のプレゼンでは、セリフはもちろん、音楽や照明なども落とし込んだ完璧な台本をつくっていました。そして、本番と同じ舞台で何度も練習していたそうです。

世界を席巻した数々の商品は、商品力だけでなく、あのプレゼンのおかげでもあると言えます。

つまり、**話し方の上達には、練習の数が大事**だということです。

また、**練習する場合は、必ず録画してチェックしましょう。**

鏡の前で話す練習をするのもいいですが、自分の話に集中してしまうと、客観的に見るのが難しくなります。ですから、録画するのです。

正直言うと、私も自分がしゃべっている画面を見るのはとても苦痛です。話し方がうまい人たちのイメージがありますから、あまりにもかけ離れていて、嫌になることがあります。

でも、ビデオを見て、しっかり落ち込むことです。

そこから、大きな成長が起こるのです。

32

話し方で成功する人は、話す練習を何度も繰り返す!

33

成功する人は準備万端、失敗する人はぶっつけ本番。

アナウンサーを20年以上している人にセミナーの司会を頼んだとき、彼女の台本を見せてもらいました。

大して難しくないセリフなのに、たくさんのメモが記されていました。どこで区切るか、どこを強調するか、しっかりと準備しているのです。

さらに、**人前で話す言葉は、必ず声に出して読んでからでないと話せない**ともおっしゃっていました。

20年以上のベテランで、司会もたくさんこなしてきたプロなら、初見でスラスラと読めるはず。それにもかかわらず、「声に出して読む」というリハーサルなしでは、とても人前で話せないと言います。

そのことから、プロの心構えというものを思い知りました。

・どこを区切るのか？
・どこを強調するのか？
・テンポはどれくらいで話すのか？

台本を読みながら、これらをメモって本番に臨みましょう。

プロのアナウンサーは、「人前で話す前に、発声練習をしないのもありえない」とおっしゃいます。

まず、**午前中に人前で話す機会があるとしたら、その3時間以上前には起床する**ことです。3時間未満だと、体が本調子でないまま、しゃべることになるからです。

また、しっかりした発声ができるように、顔の筋肉、口の周りの筋肉をほぐします。顔の筋肉が固まったままだと、引きつった笑顔になり、聴衆に緊張を与えてしまいます。

私は人前で話す当日の朝は、アナウンサーであり、日本を代表する話し方講師として知られる倉島麻帆先生から学んだ準備法を、必ずお風呂に入ってやっています。

まずは、お風呂に浸かりながら、準備運動です。

「ハミング法」と言って、「うー」と唸りながら、喉や体を響かせます。

腹式呼吸の練習も兼ねるので、できるだけ長い時間、途切らせないで声を出します。最低20秒以上やりましょう。


そのあと、定番の発声練習です。

「あえいうえおあお、かけきくけこかこ、させしすせそさそ、たてちつてとたと、なねにぬねのなの、はへひふへほはほ、まめみむめもまも、やえいゆえよやよ、られりるれろらろ、わえいうえおわお、がげぎぐげごがご、ざぜじずぜぞざぞ、だでぢづでどだど、ばべびぶべぼばぼ、ぱぺぴぷぺぽぱぽ」

これをひと通りやって、その日、うまく口が回らない部分を、集中的に繰り返します。

一音一音、口を大きく開いて発声します。体全体に響かせるように、音を出しましょう。

私の場合、さ行、た行、ま行がうまくいかないことがよくあるので、この行を何度も繰り返すことが多いです。


滑舌が悪い人は、さ行、た行、ら行が不明瞭な場合があります。

「さささささささささ」

「たたたたたたたたた」

「ららららららららら」

このように、同じ音を連続して発声すると、舌が回りやすくなります。

普通に生活していたら、声を張るような機会はありません。そんな状態からいきなり人前で、全員に届く声を出そうとすると、すぐに喉が枯れてしまって、とても聞き苦しくなります。

準備運動なしに、いきなり人前で話して、「うまくいかないんです」というのは当たり前です。

これらの発声練習をしたり、喉を開けて体を響かせるような発声の準備をしてから、人前で話すようにしましょう。

33 話し方で成功する人は、話がつっかえないように原稿にメモをつけておく!

34 成功する人は人前で緊張し、失敗する人は緊張しない。

「人前だと緊張してしまう」という人は多いですが、緊張することはとてもいいことです。まったく緊張がなく、弛緩した状態だと、力を100％発揮できません。多少の緊張があると、充分に力を発揮できたり、自分の能力以上のパフォーマンスを出せたりするのです。

オリンピックの大舞台で、自己新記録を出す選手がいます。彼らも大舞台なので緊張するのですが、それをうまく活かして、いつもの自分以上のパフォーマンスを発揮するのです。

ここで、緊張を力に変える方法をお教えします。

① 深呼吸をする

人前に出る前に、まず深呼吸をしましょう。

深呼吸にはコツがあります。腹式呼吸で深呼吸をするのです。

鼻からから息を吸って、お腹をふくらませましょう。

４秒で吸ったら、４秒間息を止めます。

そして12秒間かけて、口から息を吐き出します。

慣れてきたら、息を吐き出す時間を20秒以上かけるようにします。

ゆっくりと吐き出すことで、脳から集中力の高まるアルファ波が出やすくなります。

ゆっくり吐き出している間は、体中を弛緩させてください。逆に、息を吸うときは、体中の筋肉に力を入れます。

これを繰り返すことで、体がリラックスしますし、集中力が高まるので、最高のパフォーマンスを発揮しやすくなります。

② ゆっくり動く

人前に立つと、よくやりがちなのが、速く動いてしまうことです。

せかせか速く動いてしまうと、早口になりやすいのです。すると、聴衆が理解できなくなります。さらに思考を整理しながら話すことができないので、話している途中に何を言いたいのかわからなくなってしまうこともあります。

また、速く動くと、呼吸が乱れ、緊張度がますます上がってしまうのです。意識的にゆっくり動いていると、呼吸もゆったりしてきます。呼吸がゆったりすると不思議なことに、緊張も緩和されていきます。

③ゆっくりと聴衆全員を見渡す

人前で話すのが慣れている人と、慣れていない人の一番の違いが、アイコンタクトです。話し方教室などで必ず練習する項目ですが、これができるようになると、かなりの上級者です。

一カ所だけに偏った視線を送る人が多いですが、それだと置いてきぼりにされたと感じる人が出てきます。ですから、全員にアイコンタクトをしましょう。

その具体的な方法で、一番有名なのは、ジグザグ法です。

イスが横1列に10席あって、それが5列あったとします。

一番最初に視線を合わせるのが、最後列5列目の一番左側の人です。そこからゆっくりと、最後列5列目の一番右側の人へ移動します。

次は、4列目の一番左側の人に視線を移動します。そこからゆっくりと、4列目の一番右の人へ移動します。

このように、最後列からジグザグに視線をゆっくりと移動して、全員と目が合うようにします。

いつくかのアイデアを紹介しましたが、緊張はあなたのパフォーマンスを引き上げてくれる味方です。

うまくつき合っていきましょう。

34 話し方で成功する人は、緊張をパワーに変える!

第6章

コミュニケーションがうまくいく「メンタル」編

35 成功する人は緊張を受け入れ、失敗する人は緊張をごまかす。

「上司と2人っきりになると、気まずい」

「仕事の話をするのは平気なのに、雑談になると固まってしまう」

このように、上司や初対面の人が相手だと、緊張して会話に困るという人が多いようです。

緊張しないようにするためには、まずは緊張の正体を知りましょう。

緊張とは、ストレスや不安から身を守るために、脳内ホルモンのノルアドレナリンが分泌されることから起こる、一種の防衛反応です。つまり緊張は、身を守る大切な反応なのです。ですから、**「緊張することは悪いこと」だと、一方的に決めつけてはいけません。**

数十年もやっている一流の歌手やミュージシャンでも、ステージの直前には、いまだにすごく緊張する人が多いそうです。

「何を話したらいいかわからなくなる」

こんな風に**緊張する傾向があるとしたら、「何に対して不安や怖れを感じているのか?」と自問自答してみましょう。**

意識ではわからないかもしれませんが、多くの場合、「自分が傷つくかもしれない」という怖れの感情が、気持ちを身構えさせて、会話をすることを臆病にさせています。

緊張してしまって、何を話したらいいのかわからなくなってしまう理由のひとつに、**過去の経験が影響している**場合があります。

例えば、友人に、何気なく、「つまらない話をするね」とか、「おもしろくないな」と言われて傷ついたことがあった。

「お前ってしょうもない人間だな」とか、「だから、お前はダメなんだよ」などと、人格そのものを否定されたことがあった。

ほんのひと言を発しただけで、親や、兄や姉など、目上の人に、鬼のような形相で、「オイ! コラ! 今なんて言った!」と怒鳴られたことがあった。

そういった過去の体験が、脳という高機能のパソコンのOSに組み込まれていると、いざ、会話をしようとしたときに「また、拒絶されるかもしれない」という怖れを呼び起こしてしまうのです。

過去のマイナスの体験で感じた心の痛みは、たいがいは大人になって消えたと思っています。

しかし、きちんと癒やされていない場合、大きな影響力を持っています。その**過去のマイナスの体験は、現在に投影されてしまう**のです。そして、会話をしようとすると緊張してしまいます。

私が25才の頃に受講したセミナーで、対面して見つめ合う実習をしたことがあります。

私は当時、日給月給制の派遣の販売員。貧乏丸出しのジーンズにTシャツ。私とペアになった相手は、とても高価そうな三つ揃えのスーツを着ていて、社員を数十人も抱えている経営者。社会的格差が大きい2人で、目を見つめ合う実習をしました。

すると、社長の体が小刻みに震えはじめたのです。1秒に2回くらいの超高速まばたき。

そして、あまりの緊張のためか、額から汗までにじみ出る状態。

「なんでこの人は、オレごときの相手で、こんなに緊張しているんだろう？」
「この人のように、他人が怖いと感じるのはなんでなんだろう？」
と、大きな疑問を持ちました。

実は、このような現象が起こるのは、**ありのままの自分を見透かされるような気がしたり、気弱な本当の自分を知られたくないという心理が働く**ためと言われています。自分を否定していて、「自分を受け入れられないのが怖い」ことから生まれる感情です。

軽い雑談の場で「何を話したらいいかわからない」というのも、これと同じ原理です。単に話題が思いつかないというより、他人に対しての怖れからわからなくなるのです。

話し方で成功する人は、怖れを認識して、自分を受け入れています。

緊張とうまくつき合うことで、あなたの人生は大きく変わります。

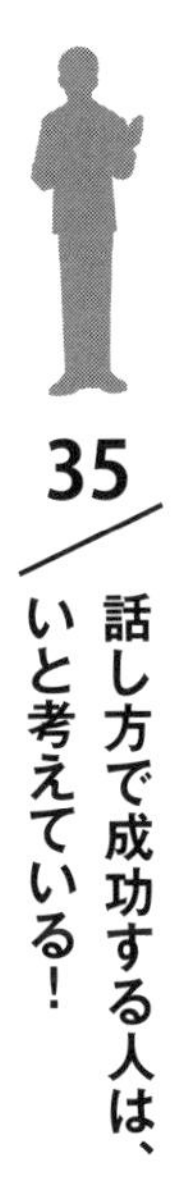

35 話し方で成功する人は、緊張することは仕方ないと考えている！

36 成功する人は短所を長所に変え、失敗する人は長所を短所に変える。

コミュニケーションセミナーや、コンサルティングで、短所を書き出してもらうことがあります。

・行動力がない
・消極的
・マイナス思考
・決めたことを続けられない
・人の意見を聞けないで頑固
・後先を考えないで行動してしまう

などなど、自分のマイナスと感じている部分を書き出していくと、不思議なことに、相反する部分が出てきたりします。最初に「行動力がない」と書きながら、「後先を考えないで行動してしまう」という回答が出てきたりするのです。

一面だけを見て、「自分はこういう人間だ」と決めつけている人が多いですが、人間は相反する部分をいろいろと織り交ぜて持っているものです。

また、同じ要素でも、どんな表現をするかで、まったく違うものになります。

よく言われるたとえで説明しましょう。

コップの中に水が半分入っています。このときに、「半分しかない」と捉える人と、「半分もある」と捉える人がいます。どちらの捉え方をするかで、そのあとの行動に大きな違いを生み出します。

同じような例はビジネスの世界でもあります。

ある靴メーカーが、アフリカのある国で市場調査をはじめました。

ある担当者は、「この国はまだまだ裸足の人ばかりで、靴を履く習慣がありません。だから売れないと思います。参入はしない方がいいでしょう」という報告をしました。

ある担当者は、まったく逆の報告でした。

「この国は靴を履く習慣がありません。だから、無限の販売チャンスにあふれています。ぜひ参入しましょう」

このように同じ事柄でも、捉え方しだいでまったく違うものになるのです。

一面だけを見て、判断してはいけません。物事には、必ず二面以上の捉え方があるからです。


自分の性格も同じです。

「行動力がない」と短所だと感じていた部分は、「慎重に物事を見極める力がある」という長所になります。

「マイナス思考」というのは、「リスク管理がしっかりできる」という長所になります。

「堅苦しい」とか「おもしろみがない」は、「常に誠実で真摯な態度」と表現することができます。

いつもくよくよしている人は、基準が高く、自分に厳しくて、成長意欲が高い人です。

落ち込んでばかりいる人は、常に改善を試みている、とても向上心の高い人です。

「飽きっぽい」は、「好奇心旺盛」です。
「意志が弱い」は、「柔軟」ということです。

あなたが**自分の性格で悩んでいるとしたら、実はそれは長所にもなる部分である**ということを意識してください。表現をポジティブに変えることで、人生を豊かに生きる要素に変わります。

話し方で失敗する人は、自分の能力を過小評価して、わざわざパワーダウンする表現にしています。

成功している人は、自分のマイナス部分を、長所に変えて受け入れるから、能力をしっかり発揮できるのです。

36 話し方で成功する人は、ポジティブに物事を捉える！

37

成功する人は「愛したい」と思い、失敗する人は「愛されたい」と思う。

「コミュニケーションが苦手」

「人間関係を築くのが下手」

私はこの悩みを、長い間抱えていました。

改善のために、さまざまな本を読みました。話し方の本を買っては試し、心理学の本を読んではヒントを探しました。

おかげさまで、いろいろと学んだ結果、克服できたと思います。


だからこそ、あえて厳しいことを言いますが、**コミュニケーションが苦手だという人は、自己中心的すぎる**のです。自己愛が強すぎるのです。

昔の私がそうでした。

自己愛が強い人にとって、「自分が好かれない」「愛されないこと」は、何よりも恐怖です。自分を愛して欲しいのに、思うようにいかない。だから、コミュニケーションを積極的に取ろうとしなくなる。

しかし、コミュニケーションがうまく取れない。

そして、ますます人間関係が悪化する。

この悪循環にハマってしまっているのです。

自己愛が強い人は、意識の矢印が、常に自分に向きっぱなしです。どうやったら、相手をしてもらえるかに、エネルギーを使います。

しかし、他人がどうしてくれるかというのは、自分でコントロールができないことです。

そこにエネルギーを使うのは、とてもムダです。

ムダなことを続けているから、消耗してしまうのです。

話し方で成功する人は、好かれようとか、愛してもらおうという打算を働かせません。

それよりも、自分が主体となってできることにエネルギーを使います。

精神的に、本当の自立をしているということです。他人に期待して、その反応で一喜一憂することのムダを知っています。

自分の幸せを、他人に委ねてはいけないのです。


では、どうしたら本当の自立ができるのか？

それは、**自己肯定感を高める**のが一番です。

「自分は価値ある存在である」、「人間として大事にされている」というのが、自己肯定感です。

ちなみに、自己肯定感に加え、「何かできる自分」、「能力がある自分」など有能感を組み合わせたものを、「自己重要感」と言います。


「考えるのは自分のことばかり」になってしまうのは、自己肯定感が低いからです。

「自分が満たされていない」この想いがある限り、意識の矢印を、自分ではなく相手に向けるのは難しいことです。

でも、自分が満たされたら、自然に意識の矢印は相手に向くようになります。

恋愛ができない、なかなか人を好きになれない、つき合うことができても長く続かない。

これらは、自分の価値を低く感じているのが原因です。

「なんであの程度の女が、経済的に成功して、性格もあんなにいい男とつき合えるの？」と、同性から嫉妬される女性がいます。

一方で、「モデルのように美しいし、家庭的な部分もバッチリなのに、ダメな男ばっかりとなぜつき合うんだろう？」と言われる女性もいます。

でも結局、自分と釣り合う相手とつき合っているのです。

自己肯定感が高い人は、それなりの人とつき合えるし、自己肯定感が低い人は、なかなか彼氏ができなかったり、つき合ってもダメ男ばかりになります。

とにかく、自分を愛して欲しいとがんばるよりも、人を愛せるように、自己肯定感を上げていくことが大事なんですね。

37 話し方で成功する人は、自分に対して満足感がある！

38 成功する人はマイナス思考で考え、失敗する人はプラス思考で考える。

成功する人がマイナス思考というタイトルを見て、間違えたのではないかと思った方も多いでしょう。

でも、「プラス思考が失敗をする」で正しいのです。

自己啓発会社で教材の営業マンをしていたことがあります。

マイナスの出来事があっても、物事をプラスに捉える。退路を断って、あきらめずに突き進む。それが成功への道だという教材です。

もちろんこの考え方は、基本的には効果的です。

しかし、こういったプラス思考、ポジティブシンキングには弊害があります。

「プラス思考で考えるぞ!」と決心したとします。でも、プラス思考で考えようとしても、潜在意識がマイナス思考で動くようになっている場合、無理が生じるわけです。

特に**日本人は、楽天的に考える遺伝子を持って生まれている人は5％未満**と言われています。ですから、プラス思考になれないのは、実は仕方ないのです。

また、本を読んだりして努力しても、プラス思考になれないと、ますます自己嫌悪に陥ります。そして、他の新しいプラス思考法を探して、それを試す。でも、またプラス思考になれなくて、余計に自己嫌悪に陥る。

こうして、悪循環にはまり、「プラス思考になれないんです」と、心理カウンセラーに相談する方も多いです。

マイナスな考え、ネガティブな反応や意識をむりやり排除してしまうと、自分を好きになれない要素を増やしてしまいます。

自分のネガティブな部分をしっかり受け入れることが大事なのに、ただ単に「臭いものには蓋をしろ」になってしまうことで、心に負荷をかけてしまうのです。

ネガティブな反応というのは、実は自分を守るシステムです。

ポジティブシンキングの結果、一時的にはやる気になる。でも時間が経つと、心の中で軋みが起こり、違和感がにじみ出てきて、余計に苦しくなっていきます。

また、もうひとつの弊害を生み出します。

プラス思考信奉者は、他人の痛みがわからなくなっていくのです。人の苦しさや、悲しさに共感ができなくて、心を傷つけてしまうことが多くなります。

人は、自分の弱さを口にして、それを受け入れてもらうことで心が癒されます。しかし、プラス思考信奉者になってしまうと、マイナスなことを口にする人の話は、否定的にしか聞けなくなります。

「その考え方を変えないとダメだよ」

「そんなマイナスばっかり口にしていても、現実は変わらないよ」

「もっとプラスに捉えてがんばって！」

このようなことを言って、弱さを見せる人を許さなくなります。

人は、愚痴を言って、弱音を吐いて、悪口を言うことで、弱い自分と闘っているのです。

マイナスを言う自分が嫌だと思いながらも、そうすることで、次の段階へと成長していくのです。

落ち込むときには、とことん落ち込んだ方がいいのです。とことん落ち込んだら、あとは上がるだけです。中途半端にプラス思考でうやむやにする方が、よほど精神衛生上はマイナスです。

自分の中にある、マイナスの部分は、誰もが認めたくないことでしょう。

「自分は、マイナス思考で、心が弱い人間だ」

このように、自分の弱さを受け入れている人だからこそ、他人の弱さを尊重できます。

人の弱さを受け入れることができるのが、本物のやさしさです。

本物のやさしさを持ち合わせている人が、話し方で成功するのです。

38 話し方で成功する人は、無理に強がらない！

39

成功する人は自信を持ち、失敗する人は自信がない。

どんなに技術が身についても、社会的に成功しても、自分に自信が持てないという人は多いです。

私のクライアントで、「10億円の資産を築くことが夢」という人がいました。10億円築けたら、自分に自信が持てるようになるし、自分を認めることができるようになるとおっしゃっていたのです。

しかし、実際その方が資産10億円を突破すると、「10億円じゃ、まだまだ不安で、30億円の資産をつくるまでは自信が持てない。30億つくったら、自分に自信が持てるようになるし、幸せになると思う。今は、アレが足りないし、コレも足りない」

満足していた時間はほんの一瞬です。すぐに、足りない部分に目を向けてしまうのです。

彼に限らず、「自分はまだまだ足りない」と考えてしまう人はとても多くて、そういった不足感がある限り、自信に満ちた自分にはなれません。

さて、この「足りない」という気持ちはどこからくるのでしょうか？

赤ちゃんは「自分には自信がない」と思っていないし、落ち込んだりもしません。ということはつまり、成長するどこかの過程で自信をなくしてしまったわけです。

子供の頃、親に対して「今までの自分では愛されない、もっと良くなれば愛される」という思い込みをしたり、クラスメイトや先生から「やったこと」や「言ったこと」を否定されたりしたことが、原因かもしれません。

いずれにしても、**他者からの評価を基準にすると、自分の足りないところしか目に入らなくなります。**

「自信は、何か達成できた未来にある。達成したら自信が身につく」

そう思っていると、いつまで経っても自信が持てません。

実は、「自信」というのは、未来にあるのではなく、過去の中にあるからです。

今まで達成したこと、成長できたことの中に、自信の種は隠れています。自信の種を育てるためには、セルフトークが必要です。

ここで、セルフトークのつくり方を紹介します。セルフトークをつくる上では、大事なことが3つあります。「ポジティブ」「一時的」「確定的」です。

①ポジティブ

何かしようというときに、「ダメかもしれない」と思っていたら、ダメになる確率を高めるだけ。常にポジティブな期待をすることで、いい結果を引き寄せます。

「自分はできる!」などポジティブな言葉を選び、自分に言い聞かせることです。「自分はツイてる!」「いつも運がいい」など、自分に繰り返すセルフトークをしましょう。

②一時的

うまく結果が出ないときもあります。失敗することもあります。そんなときは、それらを一時的なことだと捉えることです。

「この失敗は一時的なものであって、自分の実力を発揮できなかっただけ」

「今うまくいかないのは、たまたまタイミングが悪いだけ」

このように、**マイナスの結果は一時的なことだと捉えるセルフトークを準備しましょう。**

成果が出たのを一時的なものと捉えて、自分を否定する人がいます。それなりの成果を出しているにもかかわらず「売れたのは、たまたまいいお客さんに巡りあえて運が良かっただけ」とおっしゃる人は、自分のエネルギーをわざわざ下げているようなものです。

③ 確定的
うまくいったとき、**成果が出たときは、確信を高めるチャンスです。**このときは確定的なセルフトークをつくるのです。

「これからもこのようなケースでは必ずうまくいく」

「常にこのレベルのことは、らくらくクリアする」

このように、自分を励ます力を磨くことが、自信をつけさせていきます。話し方で成功する人には、自信が不可欠です。

39 話し方で成功する人は、セルフトークを使いこなす！

40 成功する人は悪口を言う人とうまくつき合い、失敗する人は悪口に引きずり込まれる。

悪口ばかり言っている人がいます。他人のことをこき下ろすことで、得られることがあると思うから、やめられないのです。彼らとうまくつき合うために、悪口を言う人の心理を理解しておきましょう。

分析すると、次の5つのパターンがあります。

① 気軽なジョークのつもり

気軽な気持ちで言っているつもりで、相手の悪口になっていることがあります。対象者がその場にいない場合、楽しく笑いながら親しみを込めて話したとしても、回り回って本人には言葉そのものしか届きません。注意が必要です。

② 性格が違うからわかり合えない

性格があまりにも違うとわかり合えないものです。

慎重な人から見れば、大胆な人はガサツでミスばかり。大胆な人から見れば、慎重な人は優柔不断で仕事に時間がかかりすぎ。

お互いが相容れない場合は、短所しか見えなくなるので、相手の悪口を言うようになります。常に自分の価値観が正しいと信じたいという感情もあるからです。

ですが、チームに同じタイプの人ばかりだとバランスに欠けます。勢いは出やすいですが、一面的なものの見方になって、とてももろいチームとなります。タイプの違う人同士が組むことによって、チームとしての強さが生まれるのです。

③ 負け犬の遠吠えタイプ

相手に何かしら負けていると感じているのに、自分より優れているとはとうてい認めたくない。そんな感情のとき、悪口を言うことで心のバランスを取りたくなります。

自尊心を傷つけられるのを防ぐために、人をこきおろして、自分を上げるのです。心理学で言う「引き下げの心理」を行うことで、自分の正しさを証明しようとするパターンです。

④ ストレスがたまっている

物事がうまくいっていると、「次はああしよう」「今度はこうなったらいいな」と、未来に意識が向きます。

反対に、やることなすことうまくいかないという不満やストレスがたまると、何かのせいにするか、自分を責めることでストレス解消をしたくなります。

他人の悪口を言うことで、自分を責める必要をなくしたいというパターンです。

⑤ 建設的な意見を話しているつもり

上司など、気軽にものを言えない相手に対しての意見を、同僚と飲み屋などで、「課長はああすればいいのに、わかっていないんだよな」などと、グチってしまう。

これは、場所とタイミングを間違えているパターンです。

建設的な意見として提案することで、何かしらプラスになると信じているなら、会議で発言したり、直接上司にかけ合ったりしたいですね。

このように5つのパターンに分類してみました。

悪口を言う心理とは、相手の問題のようで、自分の問題を語っているのです。

「あの人って、お金を持っている割には、とってもケチで有名なんだって！　最低だよね」

こんな悪口は、「お金持ちがうらやましい」と言っているようなもの。なぜなら、お金持ちに憧れていない人は、お金持ちの行動なんてどうでもいいわけですから。

つまり、**悪口を言うのは、「あの人は、自分が憧れているものを持っている人です」と公言しているようなもの**です。


あるスピリチュアルリーダーの言葉です。

「悪口を言われて、腹を立てたり傷ついたりするのは、自分を過大評価している傲慢さがあるからです。『自分なんて大したものではない』という謙虚さがあれば、むやみに腹を立てることもなくなります」

成功する人は、目の前の人が悪口ばかり言っていても、「うらやましくてしょうがないんだね」と温かく見守るのです。

40 話し方で成功する人は、悪口を聞いても受け流す！

41 成功する人は怒りを我慢し、失敗する人は怒りを伝える。

「言いたいことを言えない」

こういった悩みを相談されることがあります。

中には、こんな悩みもあります。

「本当は相手に対して、込み上げた怒りをぶつけたい。でも、ついつい我慢してしまう。もっと相手に、怒りを露わにして言いたいことを言えたらすっきりするのに……」

つまり、腹が立ったとき、怒りが湧き上がったとき、その感情をストレートにぶつけたいということです。

ひょっとしたら、本書を読んでいるあなたも、怒りを押し殺すことが多いかもしれませんね。

でもそれでいいんです。**怒りを爆発させることで得られるメリットよりも、デメリット**

の方が何倍も大きいですから。

あなたが言いたいことを言えなかったのは、あなたの潜在意識が「後悔して余計に傷つくこと」から守ってくれたのです。

ここで、「怒り」という感情についての正体を知っておきましょう。

「怒り」とは、二次感情です。本当の感情ではありません。

一次感情という本当の感情があって、そこから二次感情が生まれます。

「怒り」の一次感情は、「悲しみ」、「不安」、「苦しみ」です。

ということは、しょっちゅう怒っている人は、しょっちゅう悲しんだり、苦しんだりしている人です。**大切されたい人から大切にされなかったことの悲しみなどが、「怒り」という形で表れている**のです。

以前、手塩をかけてゼロから育て上げた部下がいました。つきっきりでサポートした結果、パワーポイントも使えないようなド素人の状態から、人気講師へと成長したのです。

しかし、人気講師になると手のひらを返したように、私に対してぞんざいな態度を取るようになりました。許可も得ずに勝手なことをはじめた挙げ句、彼の取り巻きから恫喝までされたのです。

悔しくて悔しくて、そのことをメールしても一切の謝罪もなく、そのときほど、怒りに打ち震えたことはありません。

ただ、「怒りは二次感情」を知っていた私は、自分はどんな一次感情があるのかを考えてみました。

「恩義も忘れて、私を大事にしてもらえず、とても悲しい」

つまり、「悲しさの感情」が、一次感情です。

その悲しさを感じさせた相手に対して、復讐したいという感情や、落胆させた相手に復讐したいという気持ちが、怒りの正体でした。

相手が、大人としての謝罪をしないのも、恩義を感じない利己的なタイプになったのも、自分の徳のなさと反省するきっかけになりました。

何かあるとすぐにキレる人、何かあるとすぐにカチンとくる人は、悲しんで、不安の中にいて、苦しんでいる人です。

心配、不安、困惑、焦り、さびしさ、落胆、悔しさ、失望など、マイナスの感情があって、それが怒りになることを知っておきましょう。

そうすれば、相手が怒っていても、慌てる必要がなくなります。

「この人は、今どんな一次感情の中にいるのか?」

そして、その感情に気づくことです。

「悲しい」

「心配」

「不安に感じる」

すると、相手の怒りを根本から鎮めることができます。

話し方で成功する人は、感情に振り回されず、根っこの部分を見ることができる人です。

41
話し方で成功する人は、感情をコントロールできる!

42 成功する人は他人の言葉を受け入れず、失敗する人は他人の言葉を大事にする。

「他人の言葉を受け入れない」と言うと、傲慢で素直に人の話を聞かない印象がしますが、ネガティブな批判に対しては、聞き入れない方がいい場合が多いです。

「成功していく人たちには、共通する２つのポイントがある」と、サッカーの日本代表ユースの元監督がおっしゃっていました。

ひとつ目は、**根拠のない自信**。

日本代表として成功していく選手は、まだ10代で、実力も伴わない時代に、「将来自分は、世界で活躍する」と宣言する人が多いのだそうです。

何か根拠があるのかと問うと、「根拠はないです。でもそう思うんです」と言うそうです。

実は、根拠がある自信はもろいです。根拠があるということは、その根拠が崩れたら、自信も一瞬で崩れてしまいます。根拠がなければ、自信を失う理由もないということですね。

2つ目は、**素直**だということ。

教えられたことを素直にやってみる行動力は、世界的なプレイヤーに共通しています。サッカーに限らず、プライドが邪魔をして、自分を変えることができない人が大半でしょう。その小さなプライドを守るために、小さく終わってしまう人がほとんどだと思います。その中で、自分の技術向上のためなら、今の自分を否定してでも、チャレンジしていくのが、一流への階段なのでしょう。

ただし、他人の言葉をすべて素直に聞いていると、ダメになってしまう場合があります。それは批判の言葉です。

もしあなたが、自分に自信がないと思っているなら、その理由は何でしょうか？　先輩や友達、親や兄弟など、身の回りの人の言葉が原因になっているかもしれません。

「松橋って、近くで見るとブサイクだね！」

中2の頃、放課後に女の子から言われた言葉は、胸にぐさっと突き刺さりました。女性に対して自信がなくなって、屈折した感情が入りはじめたキッカケになったと思います。

あの言葉に長い間、影響を受けて生きていたわけです。

ですから、自分に役立たない他人の言葉は聞かないことをおすすめします。

ちなみに今は、「なぜ彼女は、わざわざあんなことを言ったのかというと、私の気を引きたかったのではないか」と、かなりポジティブに解釈するくらい、前向きになりました。

出会う人、一人残らずに好かれよう、愛されようというのは無理。

そんなことは重々承知しているはずなのに、**批判されると何年もの間、大事にその言葉とともに生きてしまう人は多い**です。

カウンセリングをしていると、さまざまな悩みを相談されます。

「なんでそう思うんですか？」と聞くと、「周りのみんなに言われてきた」とおっしゃる。

「みんなって何人ですか？　名前を教えてもらっていいですか？」と聞くと、ほとんどの人がたった一人くらいです。

今までの人生で何千人にも出会ってきて、そのうちの一人、せいぜい数人に批判されたことを、真実かのように受け入れて生きている。そんなバカバカしさに気がつくと、今までの呪縛から嘘のように解放されていきます。

批判を受け入れてはいけません。あなたのレベルが上がれば上がるほど、批判する人は増えていきます。有名になればなるほど、批判が増えていきます。

そんなときの考え方をひとつご紹介。

私のメンターの女性は、「世界中の誰もがかわいくないと言ったとしても、愛しているパートナーが、『オマエはかわいいよ』と言ってくれれば、それでいい」と言います。

要するに「誰に喜んでもらいたいか？」ということです。

私の場合、「本やセミナーで人生が変わりました！」と喜んでくれる方がいれば、それでいいと思っています。皆さんは誰に喜んで欲しいですか？

42

話し方で成功する人は、批判をされても気にしない！

第7章

成功する人の「口癖」編

43

成功する人は「わかりました」と言い、失敗する人は「わかってます」と言う。

口癖で損をしている人はたくさんいます。


「松橋君、こういう部分がまずいから、変えてくれ。いいな！」

「**はい、わかってます**」

「なんだ！　その返事は！」

「（あれ？　なんで怒ってるの？）いえ……、特に意味はないです……」

「『わかってます！』って言ったよな！　どういう意味だ！」

「いえ、すみません」

「オレが注意するつもりだったことを、最初からわかっていたってことか！」

「いえ、そういうつもりでは」

「生意気なことを言うな！」

こんな風に、20代の頃、口癖のせいで上司に怒鳴られることはしょっちゅうでした。

「わかってます」

「知ってます」

これらの返事が口癖の人は、相手をイライラさせています。

自覚がないのかもしれませんが、**「自分を低く見られないようにしよう」という心理が隠れています。**そして、自分を高く見せるために、相手を引き下げていることに気づかず、怒りを買うことになるわけです。

自分は優秀だとアピールしているつもり。その傲慢さが、怒りを買っているのです。そして、コミュニケーション能力が欠けているので、扱いづらい部下というレッテルを貼られます。

こういう場合は、素直に、「わかりました」と返事をしましょう。

他に、いらつかせるフレーズとして、「**あ〜、やっぱり言うと思った！**」。

世間話をしているとき、このフレーズもよく聞きますね。

・自分は優秀
・あなたがすることなんて、お見通し
・それを言うだろうって、見越していたよ

そんな意図を感じさせるから、イラッとさせてしまいます。

いずれにしても、上から目線のフレーズは使わないように気をつけましょう。


逆に相手が上から目線で話してきたときは、あなたがイラッとするかもしれません。

でも、許してあげましょう。なぜなら、相手に見下す意図はないからです。

本質的には、「私を認めて！」という気持ちが強すぎる人なのです。

子供の頃に、我慢を強いられて、自分を認めてもらえなかったという感情が、大人になっても残っているのです。

「自分自身の価値観では自分を満たすことができない。他人に認めてもらったときに、ようやく満たされる」、そんな他人の価値観で生きている人ですから、ちょっとかわいそうだと思うくらいでいいと思います。

そのような人を相手にしたときに、あなた自身に強い怒りが湧いて、**何かやり返したいという感情が出てくるようなら、あなた自身も「自分を認めて欲しい」という感情が強くある証拠**です。その気持ちが刺激されて、激しい反応になっているのです。

上から目線の相手は、「自分もそういう部分があるんだな」と気づかせてくれる存在です。

「お、さすがだな、ありがとう」

話し方で成功する人は、こんな大人の対応をします。その方が、あなた自身の人生も楽しいものになるでしょう。

43 話し方で成功する人は、相手を認めることができる！

44

成功する人は「会社のため」に言い訳をし、失敗する人は「自分のため」に言い訳をする。

上司に問い詰められたときは、ついつい言い訳をしたくなりますよね。しかし、言い訳しだいでは、使えない部下だと判断されてしまいます。

次のフレーズは、嫌われるので特に気をつけましょう。

1、「できません」
上司にしてみれば、「やりもしないで、できるかとか、できないなんて、わかるわけがないだろう！」と感じます。

この言い訳は、無気力、積極性のなさを感じさせるため、怒りを買ってしまいます。

2、「難しい」
この言葉は、「簡単で楽な仕事だけやりたいと思っている」と、上司に誤解されます。

簡単にできると思える仕事ばかりやっていたら、能力が上がることはありません。

3、「わかりません」

わからないことがあるのは当たり前。この言い訳は、「わからなかったら調べろ!」と言われるのがオチです。

積極性を見せるために、具体的にどこがわからないかを伝えるべきです。

「今おっしゃった◯◯の部分がわからないので、どうすればいいのか教えていただけますか?」

4、「聞いてません」

「前もって言われていたことじゃないと、私はやりたくないです」、こんな意図を感じさせます。上から目線が感じられるのでご注意を。

5、「忙しかったのでやっていません」

「うちの会社にヒマな奴なんて一人もいないわ!」と怒られそうな言い訳です。

「忙しい」という言い訳は、消極性をアピールするようなもの。

言い訳するなら、

「今、新プロジェクトの業務が滞っていまして」

「その資料制作はもう少しお待ちいただけませんか」

6、「ちょうど今、やろうとしていたところです」

子供のような言い訳ですね。イラッとさせて、火に油を注ぎます。「使えないなぁ」と思われる典型的なパターンです。

7、「うまくやれないですよ」

セルフ・ハンディキャッピングと言って、予め(あらかじ)失敗を想定して予防線をはる逃げ技があります。

「私、そういうの苦手なんで、うまくやれないと思います」などと言って、ハードルを低くする方法です。勉強してきたのに、「全然勉強できなかった」と言って、いい点数を取るのもこの一種です。

自尊心を守るための言い訳をしすぎると、使えない部下だという烙印を押されます。


以上のような言い訳を、使っていませんか？

これらの言葉は、単純な作業員意識から出る口癖です。消極的で、創意工夫をしようという気持ちがまったく感じられません。

自己弁護をしよう、正当化しようという気持ちが、このようなちょっとした口癖を生み出してしまいます。知らず知らずのうちに、あなたの首を締めているのです。


それに対して、成功する人は、自分を守るための言い訳をしません。

「申し訳ありません。このままだと業務に差しつかえて、会社に迷惑がかかってしまうと判断してしまいました」

このように、**あくまで仕事のため、会社のためという目的を忘れずに謝る**ことです。

言い訳しだいで評価が大きく分かれます。

44 / 話し方で成功する人は、謝ってから言い訳をする！

45

成功する人は「はい」をよく使い、失敗する人は「でも」をよく使う。

嫌われる口癖があります。

「いや」

「しかし」

「でも」

「ていうか」

相手の言っていることを否定しようという意図はないのに、これらの否定語を使う癖を持っている人は意外と多いです。

「このあいだ、函館に旅行へ行ってきたんだよ」

「へえ、しかしさ……」

「（えっ？　しかしって、何か反論でもされるのかな？）」

「やっぱり函館はいいよな！」

「え？　あ、そうだね。（なんだ、賛成かよ）」

「函館のどこに行ったの？」

「函館山が好きでさ、登ってきたよ」

「函館山か、でもさ……」

「え？（今度こそ反対意見か？）」

「函館山って夜景もきれいでいいよな」

「ああ……（紛らわしいな）」


賛成する言葉が続くのに、「しかし」とか「でも」などの逆説の接続詞を使ってしまうと、相手は反論されると思って身構えてしまいます。それでは、とてももったいない。癖でやってしまう人は、注意しましょう。

しかし、これよりもやっかいなのは、意見に対してまともに反論してしまう人です。相手の意見に同意できないときや、納得できないときに、正論をそのままぶつけてしまうやり方です。負けず嫌いの人がよくやりがちなのですが、これで人間関係をこじらせてしままうことが多いです。

例えば、あなたが営業マンだとして、お客様から「この商品って高いね！」と言われたときに、どう返しますか？

さすがに「そんなことはないです！」とまともには反論しないと思います。そこで、営業の世界でよく知られている「イエスバット法」を使う方が多いのではないでしょうか。

「この商品って高いね！」

「はい、高いと思われるんですね。しかし、このレベルでこれだけの機能がついているのは、かなりお安いですよ」

このように、一度、「はい、そうですね」で受ける。そのあとに、「しかし」と言って、自分の意見を述べるやり方です。

ただし、心理学的に言うと、これも問題があります。

「しかし」「でも」「ただし」などの否定の言葉を使った時点で、相手の心の中に瞬時に壁ができ上がるからです。

相手の心に抵抗感を与えないために一番大事なことは、相手の言葉を決して否定しないことです。せっかく「はい、そうです」と受け取っても、そのあとに「しかし」では、自分の言い分を聞き入れてもらえなくなります。

では、どのような言い方がいいのかというと、「しかし」の代わりに、「ところで」を使うのです。

「この商品って高いね！」

「はい、高いと思われるんですね。ところで、このレベルでこれだけの機能がついていると、一般的には○万円ですから、これはかなりお安いですよ」

このように、**受け入れられないことを言われても、いったんは「はい」「なるほど」と受け取り、そのあとは、「ところで」「そう言えば」という言葉で、話題を転換させる**のがコツです。

抵抗感を与えずに、相手に聞いてもらえるように意識しましょう。

45 話し方で成功する人は、否定語を使わない！

46

成功する人は解決志向型の質問をし、失敗する人は原因追求型の質問をする。

サラリーマン時代、売れなくて悩んでいるときのこと。同僚とお茶を飲みながら休憩しているときに、ついついこぼしました。

「最近全然売れないよ。なんでうまくいかないんだろう?」

「松橋、それじゃ、売れない状況をますますつくり出すよ」

「ええ?　なんで?」

「原因を追求しても意味ないよ。ダメな部分を変えようなんて、そんな暇があったら売れる方法を考えた方がいいだろ!」

同僚は、心理学を学んでいたので、こういったアドバイスをくれたのです。

これは事実で、自分にどんな質問をするかで、結果が大きく変わっていきます。

「なんで、ダメなんだろう?」
「なぜ、こんなことになったんだろう?」
「どこがいけなかったのか?」
「どうして、いつもこうなるのだろう?」

これらを原因追求型の質問と呼びます。

「なぜ」「なんで」「どうして」という質問は、マイナスの方向へ向かわせてしまいます。

原因を追求して、改善していくという伝統的な方法も、時と場合によっては効果があるかもしれません。

ただ、多くの場合、気を滅入らせてエネルギーを奪うだけになりがちです。それよりも、解決に向かう質問を習慣づけることです。

世界的に知られる催眠療法のミルトン・エリクソンの弟子として知られるビル・オハンロンが、解決に向かう質問として、次のものを紹介しています。

①「この問題をなんとか切り抜けなければいけないとしたら、そこから得るものは何？」

（売上を上げたら、賞賛される、自己成長できるなど、得られるものを明確にする）

②「望ましい結果を得るためなら、やめてもいいと思えることは？」

（売上を上げるため、夜更かしをやめて体調を整えるなど、やめるべきことを決める）

③「この問題について、今私にできることはある？　もし、あるのなら、まず最初にやるべきことは？」

（アポイントを取るために電話の件数を10％増やすなど、具体的にやることを明確にする）

④「もしできることがないなら、現状を変えられないことにどうやって折り合いをつければいい？」

（他人の評価など、自分でコントロールができないことは手放す）

⑤「以前にこれと同じような状況を、うまく切り抜けたときは何をした？」

（過去の成功体験を、現在に利用する。同じ不安や心配の感情を持ったときに、どのように対処したかを思い出す）

46 話し方で成功する人は、プラス方向に考えられる質問をする！

問題が起きたとき、原因追求をすればするほど、問題を深く大きくしていきます。

「おい、〇〇君、なんで君はいつも失敗するのかね？」

このように質問されたとしたら、どうでしょう？

私なら、かなり落ち込みます。

問題の原因になったことを思い出すということは、マイナスのことをずっと考えることになります。すると、気分が上がるはずもありません。

相手のパフォーマンスを下げたいなら、ダメな理由を探す「原因追求の質問」がいいでしょう。

パワフルな力を発揮したい、また発揮させたいなら、5種類の質問を駆使していくといいですよ。

47

成功する人は「なりたい」ことを口にし、失敗する人は「なりたくない」ことを口にする。

間違った目標設定をしている人が多いです。あなたは大丈夫ですか？
「目標は何ですか？」と尋ねると、このように答えていませんか？

「貧乏にはなりたくない」
「病気にだけはならないようにしよう」
「会社を倒産の危機にはさらしたくない」
「借金をなくしたい」
「体重80キロを超えないようにしたい」

これらの目標設定は、あなたの潜在意識に逆効果を与えます。

潜在意識は、入力された言葉をそのままイメージに変えてくれます。

「貧乏になりたくない」という目標を例にとって考えてみましょう。

「貧乏になりたくない」という言葉から、潜在意識はどんなイメージをつくると思いますか？

・お金に困った悲しい顔が思い浮かべる
・自分か家族が、「お金がないよー」と嘆いている声が聞える
・空腹で寒さに震えている感覚を感じる

このようなイメージをつくってしまいます。

そして、「それをやらないぞ」というイメージに移るわけですが、これが難しい。**わざわざイメージしたことをやらないようにするというのは、脳科学的に言うと不可能**なのです。

「空飛ぶ白い豚をイメージしないでください」と言われて、何をイメージしますか？

そうです、イメージするなと言われても、イメージせざるをえないのです。

「体重80キロを超えないようにしよう」だと、80キロを超えた自分をイメージをすることになるのです。

「明日の朝10時から、大事な会議だから、絶対に遅刻するなよ。遅刻しようものなら、みんなに大変な迷惑をかけることになるぞ」

こういった指示や注意をする上司は多いと思いますが、これもまた同じです。

潜在意識には、こんなメッセージが届くことになります。

「遅刻しろ」

何気なく、「あれをやるな」「これをやるな」と言っていることが、実は潜在意識に、「やれ」という命令をインストールしているのです。

これを心理学では「否定命令」と呼びます。

やって欲しくないことを他人に言うのは、すぐにやめましょう。

自分に対しても、この否定命令を使っている人が多いです。

「ミスしないようにしよう」

「あきらめないようにしよう」

これらも否定命令です。

では、どのような言い方に変えればいいのか？
それは**「やって欲しくないことを言う」のではなく、「やって欲しいことだけを言う」習慣を身につける**ことです。

「体重80キロを超えないようにしよう」ではなく、「体重75キロを切るようにがんばろう」。

「10時に遅刻するな」ではなく、「9時55分にはこい」。

「ミスしないように」ではなく、「ゆっくり行動して、終わったら2回見直して、仕上がりをチェックしよう」。


このように、お願いや命令をするときは、して欲しいことだけを言います。

そして、自分に言い聞かせるときは、欲しい結果だけを口にします。

成功する人は、肯定的な目標設定の習慣を持っているのです。

47 話し方で成功する人は、肯定的な発言をする！

48

成功する人は運気が上がる言葉を口にし、失敗する人は運気が下がる言葉を口にする。

成功する人は、エネルギーを大事にします。

どうすればエネルギーが高まるのかというと、運のいい人とつき合う、運気が上がる場所に行く、そして運気を上げる言葉を使う、です。

古来から日本には、言葉には霊力が宿ると考えられてきました。私たちが何気なく使っているあの言葉にも、言霊パワーが秘められていたのです。

それは、「いってきます」と「いってらっしゃい」と「ありがとうございます」です。

●**「いってきます」**の言霊パワー

この言葉は、「行きます」「帰ってきます」を合わせた言葉です。つまり、「今から出かけます、そして再び帰ってきます」という意味が込められた言霊です。

昔は旅をするにも命がけです。

「いってきます」と言うことで、必ず帰ってきますという誓いを込めた言葉になるのです。ですから、特攻隊員は、帰ってこないことを決意して出陣したので、「いってきます」とは言いませんでした。

ちなみに、欧米には、この言葉に対応するフレーズはないとも言われます。

●「いってらっしゃい」の言霊パワー

「行って、無事に戻ってきてください」という引き戻しの意味が、込められている言霊です。

これらのフレーズは、出かけるときの社交辞令やただのあいさつのようですが、口に出したとたん、強いエネルギーになって守ってくれているのです。

「言霊」による約束をして出かけているわけです。

●「ありがとうございます」の言霊パワー

特に言霊パワーが強いのが、「ありがとうございます」です。

「ありがとう」を漢字で書くと、「有り難う」です。

文字通り、「有る」ことが「難しい」から「有り難い」という説と、「難」が「有る」から「有り難う」という説があります。

なかなかないことが起こったことへの感謝。また、苦しいときや病気などの「難」が与えられたことに感謝。それによって、魂を磨き上げていくと言います。

また、「ございます」を漢字で書くと、「御座います」となります。これは、神などの存在が、尊い場にいらっしゃることを意味します。

「ありがとう」に「ございます」を組み合わせることによって、言霊の力がさらに強まると言います。


失敗する人は、逆にエネルギーが下がる言葉を不用意に使います。

・疲れる
・めんどくさい
・ツイてない

これらの言葉を口にすることによって、エネルギーが下がります。**やる気を自ら失わせてしまうだけでなく、周りにいる人の活力も奪います。**

私のクライアントで、いつも不平不満ばかり言っている人がいました。「自分には不幸なことばっかり起こるんですよ」が、口癖でした。

そこで、「ありがとうございます」を言い続けるようにアドバイスしたところ、何十年間も悩んでいたことが、消えてなくなりました。さらに、言い続けているうちに、いいことばかり起こるようになったそうです。

何かマイナス思考にとらわれそうになったら、「ありがとうございます」で上書きしていくイメージです。

皆さんも、光が見えなくて苦しいときには、ぜひ試してみるといいですよ。

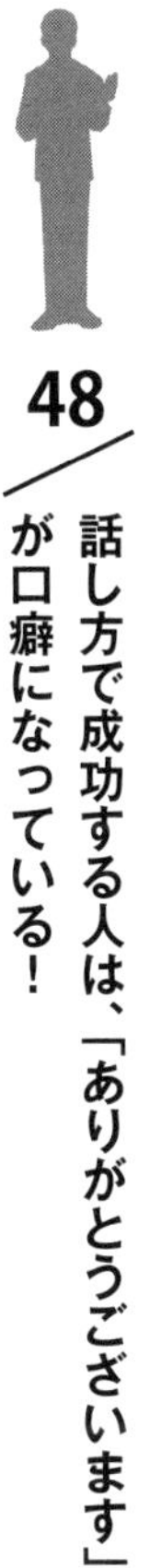

48 話し方で成功する人は、「ありがとうございます」が口癖になっている！

49 成功する人は「ありがとう」と言い、失敗する人は「すみません」と言う。

高校を卒業して、上京してまもなくの頃、東京生まれ東京育ちの女性と知り合いました。

コミュニケーション能力の高さから、さまざまなことを教えてくれて、「都会の女性は違うなぁ」と尊敬していました。

そんな彼女に、アドバイスをされたことが印象に残っています。

彼女に何をしてもらったかは忘れましたが、お礼のつもりでおじぎをしながら、次の言葉を返しました。

「あ、すみません」

すると彼女はこう言いました。

「前から気になってたんだけどさ、松橋君は、何をしてあげても『すみません』って言うよね。だけど、『ありがとう』の方がうれしいよ」

当時、純朴でコミュニケーションが苦手な青年の私は、「ありがとう」という言葉が言えなかったのです。

思い起こせば、青森にいた頃、家族や友人にお礼を言うときは「ありがとう」ではなく「悪いね」でした。「ありがとう」という言葉は、ほとんど使ったことがなかったように思います。

上京してからは、多少丁寧になって「すみません」になったわけですが、「悪いね」「すみません」はいずれにしても、お詫びの言葉です。

一見謙虚なようですが、申し訳ないという気持ちでお詫びを言われるよりも、感謝の言葉の方が、言われた方もうれしいものです。

当時の私のように、「ありがとう」を普段から気軽に言えない人や、素直に言えない人は意外と多いようです。

感謝していないわけではないのに、「水くさくて言えない、気恥ずかしい」という理由から言わない人は、損をしています。

脳の構造上、男性よりも女性の方が、圧倒的に感情を読み取る力が発達しています。だから赤ちゃんの泣き声だけで、お腹が空いているのか、オムツを交換して欲しいのかを察知できるのです。

男性は女性に比べて、感情や記憶を司る部分の働きが弱く、感情を表現することも苦手です。男性が何かをしてもらったとき、無言になるとか、「あ、どうも」くらいの反応しかしない人が多いのもそのためです。

さらに、共感力も弱いため、「感謝の言葉を言われたらうれしいだろう」とか、「言われなかったら残念に思うだろう」という想像力が欠けてしまうわけです。

それに対して女性は、何かしてもらったときには「えー！　うれしい！　ありがとう！」と、過剰なくらいに反応する人が多いのです。

さて、「ありがとう」が言えない理由には、「～してくれていない」という不満からの場合もあります。

人間関係がうまくいかない人の大きな理由は、「してくれないこと」に意識を向けてしまうことです。すると、感謝をしなくなります。

「自分を認めてくれない」
「自分をほめてくれない」
「自分をわかってくれない」
「自分を愛してくれない」

こういったことばかり言う人たちを、「くれない族」とか「クレクレ星人」と呼びます。
クレクレ星人の仲間入りをしないように、常に「ありがとう」を口にする習慣を身につけましょう。

49 話し方で成功する人は、感謝の気持ちをストレートに伝える！

50 成功する人は使命を語り、失敗する人は環境を語る。

さまざまな人のプロデュースをしてきましたが、「『この人の応援をしたい』と思った人の共通点は何だろう?」と思い浮かべてみると、次のようなことだと気づきました。

スケールが大きくてワクワクするようなビジョンを話す。さらに使命や理念、価値観が明確である、というところでした。


取引先や、お客様からこんな質問をされたとします。

「なぜ今の仕事をやっているんですか?」

あなたは、何て答えますか? これは、5つのレベルで分類できます。

① 環境レベルの回答
「家が近いからです」

「給料がいいんで」

これらは、環境レベルのことを言っています。お客様にしてみたら、こういった回答をする営業マンからは買いたくないですよね。

②行動レベルの回答

「心理学をやりたかったので、講師をやっています」

「前職で16年くらい営業をしていたので、営業コンサルタントをしています」

行動レベルだと、以上のような回答になります。よく聞く答えですが、これだと人を巻き込むことはできません。

③能力レベルの回答

「数字を扱うのが好きなんで、税理士の仕事につきました」

「心理学を長年学んできて、その知識を活かしたかったので、心理学講師をやってます」

能力レベルの答えでは、「得意だから」という言葉がよく使われます。

環境レベルや行動レベルよりはマシですが、自分のことを中心に考えているため、周りを巻き込んでいく力はありません。

④価値観レベルの回答

「営業は、世の中の最前線の仕事だと思うからです」

「中小企業が日本の経済を支えています。その企業を支えるのが、税理士なんです」

自分の仕事の価値を語る人には、人を巻き込むエネルギーが宿ります。

あなたの仕事の価値を、今一度見直してみましょう。

⑤自己概念・使命レベルの回答

「人を救う力がある心理学を、多くの人に伝えたいからやっています」

「日本からコミュニケーションで悩む人をなくしたいんです」

最上位の自己概念、使命レベルでの言葉からは、最も大きなエネルギーが生まれます。

カリスマと言われる人や尊敬される人たちに、「なぜその仕事をやっているの？」と質問すると、使命や価値観をいくらでも語り続けます。

だから、多くの人が惹きつけられます。人を動かすには、大義名分が必要なのです。

イチローになぜ野球をやっているのかと質問したら、「そりゃ、お金が儲かるからね」と、環境レベルの答えが返ってくることはないでしょう。そういった意識レベルだったとしたら、あれだけの活躍はなかったと断言します。

一流と言われる人は、自分自身を巻き込む言葉を知っていて、常に自分に言い聞かせているから、人の心も動かせます。

あなたは、なぜ今の仕事をしていますか？　その答えを磨き上げていくことです。そして、常に周りの人に言い続けることです。

それが成功する人たちの習慣です。

50 話し方で成功する人は、夢や目標が大きい！

あとがき

以前、ある営業の達人が教えてくれました。

『究極のコミュニケーションの技術は、相手を好きになることだ』

そのときは、反射的に次のように思いました。

「え、そんなことを言われても、無理ですよ！　嫌いな人はいるし、生理的に合わない人もいるから」


その頃の私から見たら、だいぶ大人になったようで、嫌いな人はほとんどいなくなりました。自分との折り合いをつけてきたからです。


実は、嫌いな人というのは、あなたの投影です。

自分が嫌だと思っている部分を、「これでもか！」と言わんばかりに見せつける人に、嫌悪を感じてしまうものなのです。「自分のここが嫌いだ。でも、それは決して他人には気づかれないようにしよう」と思ってフタをしている部分がうずくのです。

自分の心を深く見つめて、自分が嫌だと思っている部分も受け入れるようになると、嫌いな人はどんどんいなくなります。人間関係の悩みは、自分との関係を変えることでほとんど解決してしまうのです。

そのことを理解した上で、本書で紹介した技術や習慣を徹底的にやっていくと、相手の気持ちや考えが手に取るように把握できるようになります。

すると、相手との間に深い共感が生まれて、お互いに好意を感じられるようになるでしょう。

本書で学んでいただいた技術は、「人を愛する技術」とも言えます。

この「愛」を具体化していく技術を身につけたなら、人生で困ることは起こらなくなります。

聖人君子ではありませんから、すべての人を好きになれないのも当たり前でしょう。腹が立つこともあるでしょう。受け入れがたい考え方を持つ人にも出会うでしょう。

そんなときに思い出して欲しいのが、すべては自分の鏡だということです。

松任谷由実の名曲、「やさしさに包まれたなら」の歌詞にも触れられているのですが、いろんな形で、あなたへのメッセージはやってきます。

いつもそばにいる人たちやはじめて出会った人たちが、何の気なしに発した言葉、たまたま本を開いたら目に飛び込んできた言葉、そういったものすべてが、あなたへのメッセージです。

また、あなたが好きになれない人や腹が立つ人が目の前に現れて、あなたをいらだたせるのも、何かのメッセージを届けてくれているのです。

1年間で約7万冊もの本が出版されていると言います。その中で、この本を手に取って、今読んでいただいているということは、7万分の1の確率です。

考えてみると、すごい奇跡です。

つまり、今のあなたに必要なメッセージは、この本のどこかにあると思います。

本書があなたの今後の人生に活かされて、豊かな人間関係につながることを心から祈っています。

2015年4月　松橋　良紀

読者特別プレゼント

無料音声プレゼント (mp3)

60分の録り下ろし音声をダウンロードできます。

- 話し方で得する人、損する人の違いはこれだ！
- 本を読んだだけではわからない波長合わせポイントを教えます！
- 一瞬で相手の懐に入る方法とは？
- 対人関係の悩みが消える3つの方法とは？

などなど
対人関係を変えるヒントが満載です！

ダウンロードはこちらから

http://www.nlp-oneness.com/hanashikata

■著者略歴
松橋　良紀（まつはし・よしのり）
コミュニケーション総合研究所　代表理事
コミュニケーション改善コンサルタント
一般社団法人日本聴き方協会

1964年生　青森市出身。

高校卒業後にギタリストを目指し上京。

26歳で営業職に就くが、あまりに売れず、借金まみれにもなりクビ寸前になる。

30歳のときカウンセラー養成学校で心理学を学ぶと、3年間売れなかったダメダメセールスマンが、たった1カ月で全国430人中1位に変貌を遂げる。

支店長に昇格すると、社内研修講師にも任命され、全社員の営業研修も担当。

1年で会社の売上を140％アップさせる。

36歳でナポレオン・ヒル財団に転職し、「目標設定講座」などの自己啓発講師を任される。

16年間で、約1万件を超える対面営業と、多くの研修を経験する。

2007年に講師として独立。「すぐに成果が出る」という口コミが広がり、出版の機会を得る。

NHKで特集されたり、雑誌の取材なども多く、マスコミでも多数紹介される。コミュニケーション関連の著書12冊の著者でもある。

「あたりまえだけどなかなかできない雑談のルール」「あたりまえだけどなかなかできない聞き方のルール」（共に明日香出版社）など、ベストセラーも多い。

「コミュニケーションで悩む人をゼロにする！」を合言葉に奮闘中。

コミュニケーション総合研究所公式HP
http://nlp-oneness.com

本書の内容に関するお問い合わせ
明日香出版社　編集部
☎(03)5395-7651

話し方で「成功する人」と「失敗する人」の習慣

2015年　5月　15日　初版発行
2018年　3月　20日　第29刷発行
著　者　松橋良紀
発行者　石野栄一

明日香出版社
〒112-0005 東京都文京区水道2-11-5
電話 (03) 5395-7650（代表）
(03) 5395-7654（FAX）
郵便振替 00150-6-183481
http://www.asuka-g.co.jp

■スタッフ■　編集　小林勝／久松圭祐／古川創一／藤田知子／田中裕也／生内志穂
営業　渡辺久夫／浜田充弘／奥本達哉／野口優／横尾一樹／関山美保子／藤本さやか　財務　早川朋子

印刷　株式会社文昇堂
製本　根本製本株式会社
ISBN 978-4-7569-1768-3 C2036

編集担当　久松圭祐

ISBN978-4-7569-1376-0

あたりまえだけどなかなかできない 雑談のルール

松橋　良紀

B6 判　232 頁　本体価格 1400 円＋税

沈黙が怖いのはあなただけではありません！　みんな同じ。

ただ雑談のこつがわかれば誰とでも楽しく 7 分以上話を続けることが可能なのです！

また会話はできるけれどあまり盛り上がらず、もう少し盛り上がる雑談ができたらと思っている方も多いはずです。

本書では雑談を楽しく、また相手とのコミュニケーションを円滑にするﾂｰﾙとするためのノウハウを紹介していきます。雑談は誰でも身につけられるスキルです！

ISBN978-4-7569-1259-6

あたりまえだけどなかなかできない 聞き方のルール

松橋　良紀

B6判　224頁　本体価格1400円＋税

話ができないからコミュニケーションがうまくとれず、人間関係も広がらない？

本当は違います。

うまく聞くことができれば相手は心を許してくれますし、自分への評価も高まります。本書では相手から好感を得、人間関係も広がる、そんな聞き方の技術をNLP理論をベースに101のルールに則って解説します。

ISBN978-4-7569-1649-5

「仕事が速い人」と「仕事が遅い人」の習慣

山本　憲明

B6 判　240 頁　本体価格 1500 円＋税

毎日仕事に追われて残業が続き、プライベートが全然充実しない……そんな悩みを抱えているビジネスパーソンのための 1 冊。

「仕事が速い人」と「遅い人」の差なんてほとんどありません。ほんの少しの習慣を変えるだけで、劇的に速くなるのです。

サラリーマンをしながら、税理士・気象予報士をとった著者が、「仕事を速くできるためのコツと習慣」を 50 項目でまとめました。著者の経験を元に書かれており、誰でも真似できる実践的な内容です。